한글영어라는 소리영어로 영어듣기와 영어회화 잘하는 법

정용재의 영어독설

한글영어

이 책은 네이버의 한글영어 공식카페에서 그동안 회원들의 질문에
답변을 드렸던 내용 중에서 최대한 중복되지 않도록 편집한 것입니다.

책의 내용과 관련하여 더 궁금하거나 영어공부에 대한 질문이 있다면
한글영어 공식카페(http://한글영어.한국)를 방문하시기를 바랍니다.

한글영어 공식카페는 독자 여러분의 질문에 최대한 성심성의껏 답변드릴 것을 약속합니다.

한글영어라는 소리영어로 영어듣기와 영어회화 잘하는 법

정용재의 영어독설

초판 인쇄 2018년 6월 11일
초판 발행 2018년 6월 12일

지은이 정용재
펴낸이 정용재
펴낸곳 ㈜한글영어

주소 경기도 안양시 동안구 벌말로 123, A동 1111호(평촌스마트베이)
전화 070-8711-3406
등록 제385-2016-000051호
홈페이지 http://한글영어.한국

ISBN 979-11-88935-02-4 (13740)
CIP 2018004346

머리말

우리는 영어전문가라는 사람들이 만든 교재를 가지고 유치원부터 대학교까지 그리고 직장인이 되어서까지 영어를 배웠습니다. 그와 함께 누군가의 성공담이 실린 영어 베스트셀러에서 말하는 대로 열심히 따라 했지만 실패했습니다.

우리는 이제까지 단 한 번도 영어를 실패한 사람의 교재나 가르침으로 공부하지 않았습니다. 그런데 왜 우리는 영어학습에 번번히 실패하는 것일까요? 그 이유는 바로 영어전문가들이 알려주는 방법이 틀렸기 때문입니다.

본인은 영어를 잘할지 모르겠지만, 남들에게 영어를 어떻게 가르쳐야 하는지는 제대로 알지 못합니다. 이는 마치 한국어를 잘하는 한국인이더라도 외국인에게 한국어를 배우는 방법과 원리를 제대로 알려주지 못하는 것과 같습니다.

당신이 영어를 못하는 진짜 이유는 성공한 영어전문가들의 잘못된 이론 때문입니다. 영어를 배우는 원리는 영어전문가의 말에 있지 않습니다. 오히려 여러분이 한국어를 배우고 가르친 경험을 잘 생각해 보면 거기에서 확실한 해답과 증거를 찾을 수 있습니다.

경험으로 깨달은 영어교육

저는 대학 시절 파트타임으로 일하던 중 외국인과의 대화에서 좌절을 맛보고, 영어공부의 필요성을 자각했습니다.

조금은 색다르게 영어동화나 영어소설과 영어사전으로, 이해하는 영어를 하는 재미에 정말 푹 빠졌습니다. 시험을 위한 문제풀이를 전혀 하지 않았는데도 불구하고 토익이라는 시험에서 900점대를 얻을 수는 있었습니다. 다만 이때까지도 이렇게 하는 것이 영어를 공부하는 제대로 된 방법이라고 알고 있었습니다.

그러다 4학년때 우연히 1년동안 일본에서 어학연수를 할 기회가 생겼습니다. 그러나 일본에 가기 전까지 일본어를 공부해 본 적은 없었습니다. 전혀 모르는 일본어를 잠자는 시간까지 포함해서 거의 하루 종일 듣는다는 것은 고통 그 자체였습니다. 간혹 두통이 와서 약을 먹어야 할 정도였습니다.

한국에 있었다면 금방 일본어듣기를 포기했을지도 모르지만 일본에 있다는 사실 때문에 선택의 여지없이 일본어를 들을 수 밖에 없었습니다.

그래서 전혀 이해할 수 없는 일본어였지만 3개월 동안 들었더니 어느 순간 귀가 열리는 경험을 하게 되었습니다. 그전까지는 "결국 외국어는 나이가 들어서는 안 되는구나" 하고 거의 포기한 상황에서 말이죠.

그 이후 일본어는 말문까지 터지는 경험을 했습니다. 이 경험을 바탕으로 영어소리를 일본어 듣는 몇배로 열심히 들었지만 귀가 열리는 경험을 제대로 못했습니다.

그래서 고민하게 되었습니다. 왜 3개월 만에 귀가 열린 일본어와 그 몇배를 들어도 귀가 열리지 않는 영어 사이에는 어떤 차이가 있을까?

그래서 알게 되었습니다. 일본어는 전혀 모르는 상태에서 소리를 먼저 들었고, 영어는 문자로 많은 공부를 한 상태에서 소리를 들으려고 했다는 것을 말입니다.

그리고 다시 고민하게 되었습니다. 듣기가 중요한데 한국처럼 일상에서 듣기를 할 수 없는 상황에서 듣기를 확실하게 성공시킬 수 있는 방법은 없을까?

그래서 알게 되었습니다. 영어문자 없이 한글로 영어발음을 적어서 하면 그것이 바로 영어듣기란 것을 말입니다.

이와 함께 약 10년 동안 영어학원을 운영하면서 학습영어를 지도하다 보니, 어떻게 언어로서의 영어와 학습으로서의 영어를 둘 다 성공시킬 수 있을지도 알게 되었습니다.

이러한 모든 경험을 담은 것이 바로 ≪정용재의 영어독설≫이라고 할 수 있으며, 이 책을 통해서 진정으로 대한민국 영어교육이 지향해야 할 올바른 영어교육이 무엇인지 깨닫는 계기가 되기를 바랍니다.

듣기는

1. 읽기, 쓰기, 말하기의 기본이다.

2. 상대방의 말을 올바르게 듣고 이해하는 일이다

이 말을 제대로 이해할 수만 있다면

영어교육의 성공을 위해서 먼저 무엇을 해야 할지 알게 된다.

제1부

영어교육의 문제점

대한민국 영어교육을 성공시키는 최선의 방법은
수능영어 평가방식의 변경이 아니라
명확한 초등학교 영어교육의 목표에 있다.

"영어를 듣고 따라할 수 있도록 한다."

제1장

영어교육의 원리

01

국어사전에서 말하는 듣기의 정의

1. 듣기란 읽기, 쓰기, 말하기의 기초다.

2. 듣기란 상대방의 말을 명확하게 듣고 이해하는 일이다.

'듣기'에 대한 국어사전의 의미를 정확하게 이해한다면, 영어교육에 대한 해답을 얻을 수 있습니다. 그러나 이제까지 많은 사람에게 이 내용을 설명해 왔지만 정말 쉽지 않다는 것을 실감합니다. 영어전문가일수록 오히려 이 사실을 받아들이려고 하지 않습니다.

듣기란 상대방의 말을 듣고 이해하는 것이 아니라, 상대방의 말을 올바르게 듣고 이해하는 것입니다.

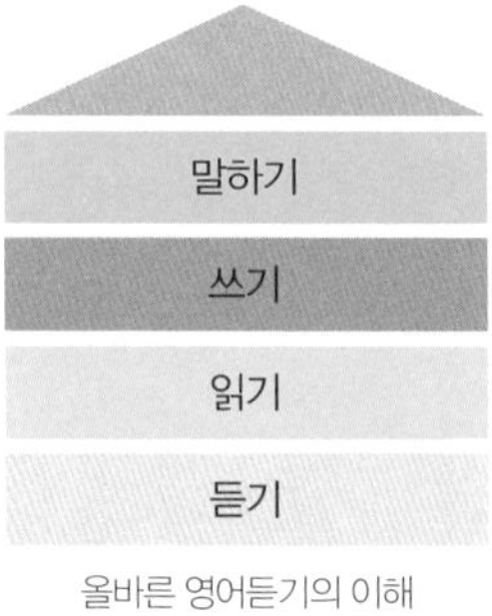

올바른 영어듣기의 이해

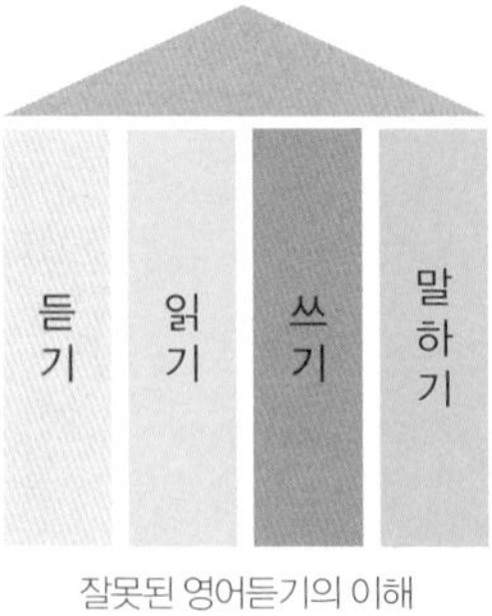

잘못된 영어듣기의 이해

02

영어교육 첫걸음의 중요성

읽기, 쓰기, 듣기, 말하기 4대 영역을 동시에 하는 교육은 잘못된 영어교육입니다.

문자교육과 소리교육은 동시에 같이할 수 없습니다. 영어교육의 첫걸음이 알파벳과 파닉스로 하는 문자교육이라면 그 종착지는 듣고 말하는 영어와는 상관없는, 읽고 쓰는 영어입니다.

만약 듣고 말하는 영어를 하고 싶다면 철저하게 문자교육을 배제한 소리교육만으로 이루어져야 합니다.

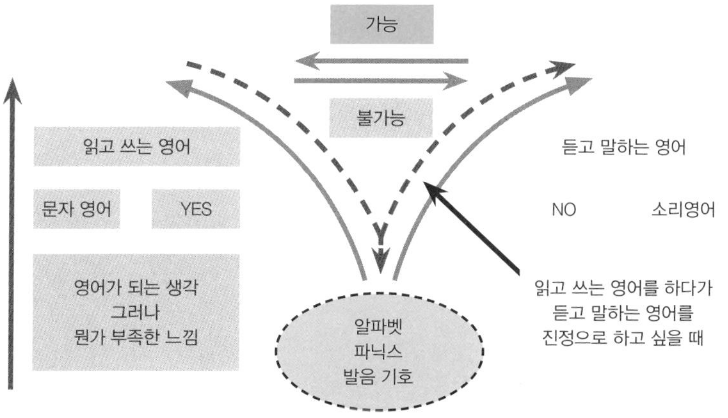

03 모국어를 터득하는 과정의 특징

1. 듣기부터 배운다.

2. 문자교육과 소리교육의 철저한 분리

한국인이 한국어를 배우는 것뿐만 아니라 미국인이 영어를 배울 때도 동일한 과정으로 이루어집니다.

많은 사람이 오해하는 것 중의 하나가 모국어는 말하기부터 배운다고 착각하는 것입니다. 그러나 실제로 모국어는 수많은 시간 동안 듣는 과정이 밑바탕에 깔려 있습니다. 이 상태에서 말하기가 이루어집니다.

아기가 '엄마'를 말한 것은 엄마로부터 수만 번 '엄마'를 들었기 때문에 가능했던 것입니다. 물론 '아빠'를 따라한 것도 수없이 '아빠'라고 들었기 때문입니다.

이렇게 가장 먼저 듣기가 완성되고 그다음, 말하기를 배운 이후, 몇 년이 지나서 한글과 알파벳과 같은 문자를 교육하게 됩니다. 이처럼 모국어는 소리교육과 문자교육이 철저히 분리되어 이루어집니다. 한국인이 영어를 배울 때도 똑같이 하면 똑같이 잘하게 됩니다.

04

듣기, 읽기, 쓰기, 말하기 모두 안 되는 영어교육

일반적으로 한국 사람은 말하기는 잘 안 되지만 듣기, 읽기, 쓰기는 된다고 생각합니다. 그러나 실제로 우리가 잘할 수 있는 것은 하나도 없습니다.

읽기가 된다고 해서 영어책으로 독서하지 않습니다. 듣기가 된다고 해서 영화나 뉴스를 무자막으로 보지도 않습니다. 쓰기가 된다고 해서 영어로 편지 쓰는 것이 자유로운 것도 아닙니다. 원어민을 만나서 자유롭게 말 한마디 하기 어려운 상황입니다.

우리에게 가능한 것은 영어 '시험'을 위한 읽기, 쓰기, 듣기, 말하기로 제한됩니다. 이렇게 엉터리 영어교육이 된 데에는 정말 중요한 한 가지 이유가 있습니다.

영어의 4대 영역을 동시에 공부하면 영어를 더 잘할 수 있다는 잘못된 이론 때문입니다. 영어교육은 먼저 영어소리로 듣기를 완성시키는 순서로 시작해야 합니다.

이제라도 바로 잡지 않으면 자라나는 아이들이 잘못된 영어교육을 그대로 답습할 수밖에 없고 듣고 말하는 영어를 못하게 됩니다.

05

신축, 증축, 재건축으로 구분되는 영어공부

"영어를 잘하고 싶다." "영어를 잘하게 하는 방법" 등 막연하게 말하면, 정확히 어떤 영어를 잘하고 싶은지, 어떤 영어를 잘하게 하는 방법인지 알 수 없습니다. 서로 간에 착각하게 됩니다.

1. **신축** 원어민처럼 하는 영어, 한국어처럼 하는 영어를 말합니다. 이렇게 하려면 영어를 영어로 배워야 합니다. 한국어가 개입이 되면 안 됩니다. 신축하는 데 기존 자재를 사용하면 안 되는 것처럼 말입니다.

2. **증축** '어~', '에~' 하는 한국식으로 하는 영어, 시험을 위한 영어를 말합니다. 이는 한국어를 통해서 영어를 배우는 것으로 기존의 영어공부의 99%는 이러한 영어를 잘하기 위한 방법입니다. "한국어를 잘해야 영어를 잘한다."고 말하는 한국식 영어를 위한 대표적인 발상입니다.

3. **재건축** 기존에 했던 한국식 영어를 포기하고, 원어민식 영어를 다시 배우는 것입니다. 물론 엄청난 각오를 하고 시작하지 않으면 안 됩니다. 기존에 배웠던 영어가 방해하기 때문입니다.

본인이 어떤 영어를 잘하고 싶은지 먼저 정확한 목표를 설정하는 것이 중요합니다. 막연히 영어를 잘하고 싶다는 생각만으로는 수없이 많은 영어공부 방법 중에서 이리저리 혼동되어서 중심을 잡기 어렵기 때문입니다.

원어민식 영어를 하고 싶은 사람이 한국식 영어로 공부하면 결국 실패할 수밖에 없습니다. 한국식 영어만 해도 되는 사람이 굳이 원어민식 영어로 공부할 필요도 없습니다. 또한 한국식 영어로 했다가 원어민식 영어로 전환하는 것은 정말 힘들다는 점도 알고 있어야 합니다.

수많은 영어학습법 중 자신에게 맞는 학습법을 찾는 것은 자신의 목표에 달려 있습니다. 듣고 말하는 영어를 목표로 한다면 신축한다는 마음으로, 읽고 시험보는 영어를 목표로 한다면 증축한다는 마음으로 학습법을 선택해야 됩니다. 단, 이것만은 알아야 합니다. 신축과 증축을 동시에 할 수 없는 것처럼, 듣고 말하는 영어와 읽고 쓰는 영어를 동시에 할 수는 없다는 것입니다.

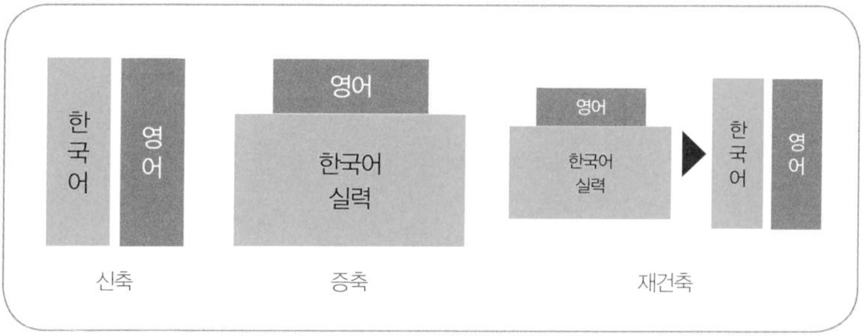

06

영어회화를 공부한 적이 없는 한국인

우리는 이런 말을 많이 합니다.

"우리는 영어를 정말 열심히 공부했는데 외국인을 만나면 한마디도 할 수 없다."

그런데 이 점을 분명히 알 필요가 있습니다. 한국인은 영어회화를 공부한 적이 없다는 것입니다. 우리가 공부한 것은 읽고, 쓰고, 시험 보는 영어이지, 영어말하기나 영어회화를 공부하지 않았다는 것입니다.

영어회화는 문자 없이 소리로 의사소통하는 것을 말합니다. 그런데 돌이켜 생각해보면 알겠지만 우리는 영어문자 없이 영어를 공부한 적이 없습니다. 그래서 영어문자 없이 의사소통해야 하는 상황에 놓이게 되면 갑자기 당황하게 됩니다.

영어회화를 하고 싶다면, 처음부터 문자 없이 영어를 배워서 소리로 의사소통하는 상황에 익숙하도록 만들지 않으면 안 됩니다. 비록 그것이 처음에 답답하다고 할지라도 이 고비를 넘겨야지만 영어를 영어로 듣고 말할 수 있는 시스템이 새롭게 만들어지게 됩니다.

07

반드시 영어듣기를 먼저 해야 하는 이유

영어듣기는 읽기, 쓰기, 말하기처럼 단순히 열심히 하는 것과 차원이 다릅니다. 영어듣기를 한다는 것은 마치 윈도우를 설치하느냐, 리눅스를 설치하느냐에 따라 컴퓨터의 운영체계가 달라지는 것과 같습니다.

운영체계를 잘못 설치하면 전체를 포맷하고 다시 깔아야 하는 번거로운 과정이 필요한 것처럼 소리교육과 문자교육을 잘못 진행하면 지금까지 한 영어공부를 전부 잊고 새롭게 시작해야 하는 경우가 발생할 수 있습니다.

이제까지는 흔히 읽기와 듣기를 동시에 해도 상관없다거나 오히려 동시에 네 가지 영역을 똑같은 비중으로 가르쳐야 영어를 잘한다고 말하기도 합니다.

그러나 저희 한글영어에서는 이런 주장이 아주 잘못된 생각이라고 말씀드립니다. 왜냐하면,

1. apple이라는 글자를 보여주면서 "[애플]이라고 읽는 거야." 하고 가르치는 것과

2. "네가 이미 알고 있는 [애플]이란 소리의 글자는 apple이야."라고 가르치는 것은 완전히 다르다는 것입니다.

이 두 가지 교육은 우리 뇌에 저장되는 정보의 우선순위가 전혀 다릅니다. 입력되는 정보의 순서에 따라서 저장되는 정보의 키워드, 주종관계도 달라진다는 사실을 기억해야 합니다.

컴퓨터의 폴더로 예를 들어 보겠습니다.

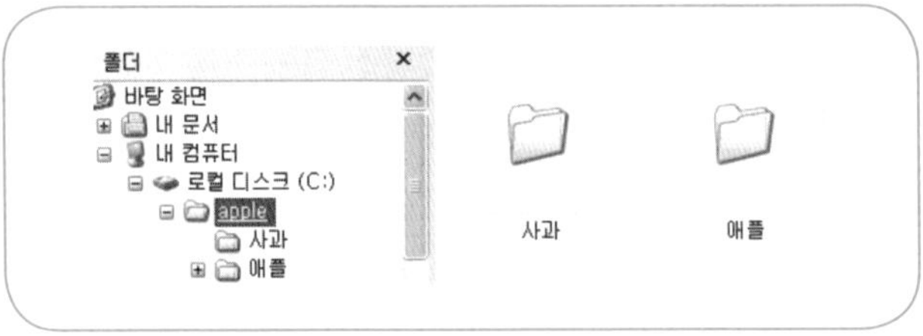

1번 방식으로 영어교육을 하면 다음과 같은 상황이 발생합니다. 먼저 apple이란 글자를 접했기 때문에 apple이란 글자를 기준으로 그 하위에 [애플]이란 소리와 사과라는 의미가 저장됩니다.

뭐 그럴 수도 있다고 생각할 수 있습니다. 별 문제가 안 되는 것으로 보일 수도 있습니다.

그러나 활용하는 단계에서는 문제가 될 수 있습니다. 컴퓨터에서 문서를 작성해서 저장한 다음, 나중에 그 문서를 찾아들어갈 때의 상황을 생각해봐야 합니다. 그 문서가 들어 있는 폴더를 거꾸로 한 단계씩 찾아 내려갑니다. 바로가기는 그것을 매크로로 저장해놓은 것일 뿐 결국 매번 같은 순서로 원하는 정보를 찾아가게 됩니다.

영어의 경우도 마찬가지입니다. 우리가 [애플]이라는 소리를 기억해내려고 하면 우리 두뇌는 apple이라는 글자를 먼저 생각하게 됩니다. 글자를 찾은 후 그 하위에서 소리를 찾아가는 방식이 일어납니다.

그래서 많이 공감하실 것 같은 경험을 우리는 공유하고 있습니다. 영어로 말하려고 하면 본인도 모르게 영어철자가 생각나는 경험 말입니다.

그런 경험을 하게 되는 이유는 위와 같은 뇌의 기억장치의 구조적인 문제 때문입니다.

또한 소리를 들어도 모르는 경우에는 이렇게 말합니다. "그 글자 어떻게 쓰는지 알려줘!" 소리보다 글자가 정보를 찾는 데 더 쉽도록 저장되어 있다는 의미입니다. 컴퓨터의 저장방식을 이해하면 쉽게 이해할 수 있는 문제입니다.

자, 그럼 2번처럼 소리를 먼저 배운 경우는 어떨까요?

소리부터 배우면 [애플]이라는 소리값이 주가 되고 그 밑에 apple이라는 글자값이 저장됩니다.

이렇게 저장이 되면, 듣고 말할 때 문자의 간섭이 일어나지 않습니다. 왜냐하면 apple이라는 글자의 저장은 [애플]이라는 소리의 하위에 저장되어 있기 때문입니다.

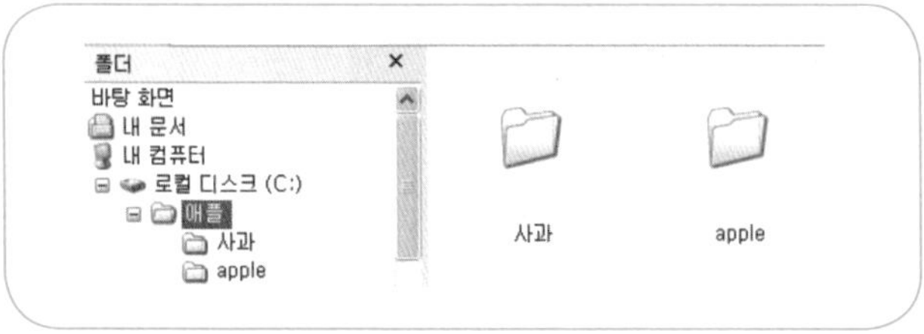

명확히 듣기, 말하기와 읽기, 쓰기가 나누어지는 경우입니다. 우리말의 경우는 2번에 해당합니다. 그래서 자녀가 갑자기 어떤 단어를 물어올 때 그 의미를 본인의 두뇌에서 찾는 방식은 소리라는 사실을 발견하게 됩니다.

예들 들어 아이가 "엄마, '가씨어'가 무슨 뜻이야?"라고 하면 엄마는 그 순간부터 '가씨어'를 다양한 발음과 억양으로 머릿속에 되뇌거나 혹은 소리 내서 중얼거리기 시작합니다. "가씨어~ 가씨어~ 가씨어" 그리고 비슷한 의미를 말하거나 아니면 못 찾을 수도 있습니다. 이때 아이에게 "그 글자 어떻게 쓰는데?" 하고 물어보지 않습니다. 철저히 정보를 찾는 키워드는 소리입니다.
그리고 어떤 언어든 소리로 저장하는 방법을 터득하게 되면 어느 순간부터는 문자로 먼저 접하는 경우에도 1번 방식의 저장방식이 아니라 2번 방식을 택해서 글자가 소리로 변환되어 저장하게 됩니다.

저는 이것을 문자소리변환시스템 또는 소리엔진이라고 부릅니다. 듣기를 통해서 이러한 소리엔진이 만들어지면 듣기후 읽기를 배울 때, 눈에 보이는 문자를 소리로 두뇌에 변환해서 저장할 수 있게 됩니다.

바로 모국어가 이런 방식으로 어휘를 확장해 나간다고 보시면 됩니다. 그래서 듣기가 완성된 다음에 읽기에 들어가라고 말씀드리는 이유입니다. 듣기가 완성되기전 글자를 배우게 되면 문자를 그림으로 인식하지만, 듣기 완성후 글자를 배우면 소리로 인식할 수 있기 때문입니다. 즉, 영어공부를 할 때 2번 방식으로 우리 두뇌가 영어를 배울 시스템을 만들 시간이 반드시 필요합니다.

저는 단순히 영어듣기가 중요하다고 말하지 않습니다. 영어를 배우는데 있어서 시스템적으로 영어듣기를 반드시 먼저 완성해야만 하는 과학적 원리가 있기 때문에 영어듣기가 중요하다고 말씀드립니다.

08

당신이 영어를 못하는 진짜 이유

우리가 영어를 못하는 이유는 영어를 잘하는 사람들 때문입니다. 학교에서 배우는 영어교과서를 만든 사람들은 영어를 잘하는 사람들이지 영어에 실패한 사람들이 아닙니다. 영어 관련 베스트셀러를 낸 사람들이 지은 책도 영어를 잘하는 사람들이 지은 것입니다.

어느 누구도 영어를 실패한 사람에게 조언을 구하지 않습니다. 아이러니하게도 모두 영어를 잘하는 사람들이 말하는 대로 공부하고 있지만 영어에 실패하고 있는 실정입니다.

그러면 왜 우리는 성공한 사람들이 말하는 대로 하는데 실패하는 걸까요? 그것은 영어에 성공한 본인이 성공한 이유를 제대로 모르고 말하기 때문입니다. 핵심이 빠진 것만 듣기 때문에 실패하게 됩니다.

한국어를 잘하는 한국인이라고 해서 한국어를 배우는 방식에 핵심적인 내용을 말할 사람은 거의 없을 것입니다. 배우는 것과 가르치는 것은 다릅니다. 영어를 잘한다고 해서 영어를 잘하는 방법의 핵심을 잘 안다고 할 수 없다는 데 공감할 것입니다.

09

영어교육의 목표에 따른 영어교육 시기

1. 언어영어: 듣고 말하는 영어, 원어민식 영어

2. 학습영어: 읽고 시험 보는 영어, 한국식 영어

언어영어를 목표로 영어교육을 하고자 하면 빠르면 빠를수록 좋습니다.

학습영어를 목표로 영어교육을 하고자 하면 3학년 이후가 적당합니다.

영어를 언제 가르쳐야 하는가의 문제는 어떤 영어를 목표로 하느냐에 따라서 달라져야 합니다. 목표가 달라지면 시작하는 시기도 가르치는 방법도 달라집니다.

막연히 영어를 빨리 가르쳐야 한다거나 영어를 늦게 가르쳐야 한다가 아니라 영어를 배우는 목표에 맞춰서 시기를 정할 필요가 있습니다.

반드시 알아야 할 것은 둘 다 잘하려면 모국어처럼 언어영어에서 학습영어로 진행해야 합니다. 현재 대한민국의 영어교육처럼 학습영어에서 언어영어로 공부하면 둘 다 잘하기 어렵습니다.

10

영어교육의 목표에 따른 영어교육 방법

1. 언어영어: 소리영어 완성 후 문자영어

2. 학습영어: 소리영어와 문자영어의 병행

언어영어를 목표로 한다면 절대로 알파벳과 파닉스와 같은 문자영어를 같이 하거나 먼저 하면 안 됩니다. 문자영어가 조금이라도 병행되는 순간 언어영어가 아닌 학습영어가 됩니다. 언어로서 영어를 완성하는 최고의 방법은 '영어는 소리로만 배울 수 있다.'고 생각하는 것입니다. 문자에 조금이라도 의존하게 되면 소리를 들을 수 없기 때문입니다.

학습영어를 목표로 한다면 문자영어와 소리영어를 병행해도 아무런 문제가 없습니다. 학습영어란 그 자체가 원어민과의 대화를 위한 영어가 아닌 순위와 선발을 위한 시험용으로서의 영어이기 때문에 시험에 최적화된 교육이면 됩니다. 학습영어를 하면서 영어발음을 걱정한다는 것은 자신이 무슨 영어를 하고 있는지 모른다는 증거입니다. 영어발음이 걱정된다면 원어민의 소리를 모방할 수 있도록 듣기를 해야 합니다. 그리고 그것은 언어영어를 하는 방법입니다.

제2장

영어교육의 종류

01

언어영어와 학습영어의 관계

1. 언어영어 학습 후 학습영어로의 진행은 가능

2. 학습영어 학습 후 언어영어로의 진행은 거의 불가능

듣기를 위한 영어공부를 한 후 영어읽기와 쓰기 등의 영어 문자교육으로의 진행은 자연스럽게 이루어질 수 있습니다.

그러나 읽고, 쓰고, 시험 보는 학습영어를 진행한 후 듣고, 말하는 영어를 하고 싶다고 해도 마음대로 되지 않습니다.

그래서 영어를 처음 시작할 때 신중하게 결정해야 합니다. 전문가들조차 열심히만 하면 된다는 식으로 말하지만, 그렇게 해서는 결코 영어에 성공할 수 없습니다. 순서와 방법은 정말 중요합니다.

영어를 공부할 때 열심히 하는 것보다 더 중요한 것은 무엇부터 시작할지 그 순서를 정하는 것입니다. 문자학습과 소리영어는 절대로 같이 시작할 수 없다는 것을 깨닫지 못한다면 실패할 수밖에 없습니다.

02

언어영어를 위한 공부방법

원어민처럼 하는 영어, 모국어처럼 하는 영어를 하고자 한다면 반드시 먼저 영어듣기를 완성해야 합니다.

여기서 듣기의 완성이란 상대방이 말하는 의미를 아는 것이 아니라 상대방의 말을 듣고 따라 할 수 있는 것을 의미합니다. 물론 듣고 따라 할 수 있는 수준에 이른 다음에 의미도 알아야 하는 것은 당연합니다.

여기서 중요한 것은 의미를 알기 전에 듣고 따라 할 수 있어야 한다는 것입니다. 이렇게 듣기가 완성이 된 후에야 비로소 읽고 쓰기를 위한 영어 알파벳 교육이 가능합니다. 영어말하기는 필요에 따라 하면 됩니다.

영어듣기를 완성한 후 영어문자로 공부하는 순서로 영어를 배울 때, 언어영어에도 성공할 수 있고 학습영어도 성공할 수 있습니다.

듣고 말하는 영어를 한다고 하면서 알파벳 학습으로 시작하거나 같이 한다면 그것은 더 이상 언어영어라고 할 수 없습니다. 한 번이라도 문자를 본 다음에 듣는 '듣기'는 더 이상 듣기가 아니라 '읽기'입니다.

03

학습영어를 위한 공부방법

학교에서 좋은 점수를 얻고자하는 '학습영어'를 하려면 가장 먼저 읽기와 쓰기가 가능하도록 해야 합니다. 그래서 먼저 알파벳을 학습하고 이후 영어 발음기호를 학습해야 합니다.

여기서 많은 논쟁이 벌어질 수 있는 사안이 있습니다. 바로 파닉스 학습입니다. 그러나 확실하게 말씀드리지만, 학습영어를 위해서는 파닉스가 아니라 발음기호가 정답이라 할 수 있습니다.

이미 영어교육의 목표가 학습영어인 상황에서 영어발음 등의 이유로 파닉스를 배운다는 것은 앞뒤가 맞지 않습니다. 영어학습의 목표와 방법을 혼동하면 안 됩니다. 목표에 맞는 방법으로 공부하는 것이 최선입니다.

영어발음기호 원리를 깨달으면 읽기와 쓰기가 한번에 해결됩니다. 굳이 깜지라는 무모한 학습을 할 필요가 없습니다.

이렇게 해서 읽기와 쓰기가 가능해지면, 쉬운 단어와 문장부터 이해하고 암기에 집중하면 됩니다.

04

영어듣기를 위한 공부방법

1. 원어민의 소리에 노출된다.

2. 한글영어로 한다.

'영어를 많이 들으면 영어듣기가 될까?' 하고 의심하지만 영어소리에 많이 노출되면 누구라도 성공할 수 있습니다. 우리말도 소리를 들어서 배웠습니다.

다만 전제 조건이 있습니다. 영어문자와 의미를 모르는 상황이 최적입니다. 만약 이미 영어문자와 의미를 안다면 생각하지 않거나 잊으려고 노력하면서 소리에만 노출되는 훈련을 해야 합니다. 이미 알고 있는 문자와 의미가 영어소리에 집중하는 것을 방해하기 때문입니다.

한글영어란 영어의 발음을 한글로 적어서 하는 것으로 한글이라는 문자를 소리로 활용할 수 있는 우리의 능력을 이용한 학습법입니다.

한글로 배우는 영어에 대한 수백 가지 지적은 모두 기우일 뿐 아무런 고민거리가 아닙니다. 한글영어로 성공한 수십 명의 동영상이 그 효과를 증명합니다.

05

유치원, 어린이집, 초등 1·2학년 방과 후 영어교육의 목표

지금 논란이 되고 있는 영어교육의 목표는 무엇인가요?

언어영어인가요? 학습영어인가요?

만약 어느 기관에서 소리 중심의 영어교육을 한다면 올바른 영어교육을 하고 있으므로 금지하기보다 찬성하는 것이 맞습니다.

하지만 반대로 어느 기관에서 문자 중심의 영어교육을 한다면 금지하는 것이 크게 문제가 되지 않을 수 있습니다. 학습영어는 오히려 3학년 때부터 하는 것이 더 효율적일 수 있습니다. 단, 올바른 영어교육을 했을 때입니다.

지금처럼 파닉스와 깜지라는 방식의 영어수업은 영어교육을 어렵게 만들어서 점점 더 빨리 영어교육을 시작하도록 하는 악순환의 촉매 역할을 할뿐입니다.

영어 발음기호를 제대로 가르쳐서 학습영어를 위한 읽고 쓰기를 충분히 잘할 수 있게 한다면 초등 3학년이 적기라 할 수 있습니다.

06

유치원, 어린이집, 초등 1·2학년 방과 후 영어교육의 개선

혹시라도 어느 기관이 목표 없는 영어교육을 한다면 이제부터라도 소리영어 또는 영어듣기를 위한 영어교육을 할 수 있도록 해야 합니다. 여기에 방과 후 영어를 활성화할 명분이 있다고 할 수 있습니다.

무조건 영어교육이 나쁜 것이 아니라 어떤 목표와 방법으로 하느냐에 달려 있습니다. 영어듣기를 완성하기 위한 소리영어교육에 집중한다면 적극적으로 지원해 주는 것이 학습자의 미래와 대한민국의 미래를 위해서도 바람직하다고 할 수 있습니다.

핀란드는 방송의 대부분이 영어로 나오는 방송환경상 영어듣기가 완성된 상태에서 초등학교에 입학하게 됩니다.

우리는 유치원, 어린이집, 초등 1, 2학년 과정에서 영어듣기의 완성을 목표로 교육하고, 초등 3학년부터 문자교육을 한다면 가장 이상적인 교육이 될 것입니다.

영어듣기에 적합한 방과 후 영어의 커리큘럼이 제대로 짜인다면 앞으로의 영어교육은 달라질 것입니다.

07

핀란드와 필리핀의 영어교육

전 세계적으로 영어를 잘하는 나라로 알려진 필리핀, 핀란드 등은 어려서부터 영어소리를 접하면서 자라는 환경에 있기 때문에 영어를 잘하게 된 것입니다.

영어를 쓰는 나라이기 때문에 잘하는 것이 아니라 반강제적으로 영어소리를 들어야 하는 환경에 노출되어 있기 때문에 잘하게 되는 것입니다.

이들 나라의 아이들은 초등학교 입학 전에 영어말하기는 불완전하지만 영어듣기만큼은 완성된 상태에서 입학하게 됩니다.

즉, 공교육의 영어교육은 이미 듣기가 완성된 아이들에게 문자교육을 하는 과정입니다. 학교가 처음부터 듣기부터 시작해서 모든 것을 가르치지 않습니다.

초등학교를 기준으로 입학 전에는 영어듣기, 입학 후에는 영어문자교육의 읽기, 쓰기, 토론 등으로 말하기를 담당하게 됩니다. 핀란드가 영어를 잘하는 이유는 기본적으로 듣기가 완성되어 있는 아이들을 공교육에서 읽기, 쓰기, 말하기를 가르치기 때문입니다.

08

영어 잘하는 나라로부터 제대로 배우자

우리나라도 핀란드나 필리핀처럼 영어를 잘할 수 있습니다. 모든 사람이 영어를 잘할 필요가 없다고 말하지 않아도 괜찮습니다. 영어를 배우는 일이 그렇게 어렵지만은 않기 때문입니다.

초등 3학년까지 또는 초등 6학년까지 영어듣기를 완성하고 그 이후 중학교에서 기본적인 영어읽기와 쓰기를 교육하면, 고등학교에서 토론 위주의 영어교육을 할 수 있습니다.

지금 당장은 초등 6학년까지를 목표로 하겠지만, 이러한 시스템이 정착된다면 핀란드처럼 대한민국도 초등 3학년 정도가 되면 영어듣기가 완성되고 3학년 이후부터 영어문자교육을 할 수 있는 환경이 만들어질 수 있을 것입니다.

시스템을 만드는 방법은 조금씩 달라질 수 있지만 중요한 것은 초등학교 졸업 전까지는 어떻게 해서든 영어듣기를 할 수 있도록 해야 한다는 것입니다. 그러면 우리나라도 영어교육에 성공할 수 있습니다. 나라에서 못한다면 개인적으로라도 해야 나중에 후회하지 않습니다.

09

영어를 잘하려면 미국에 가야 한다?

많은 사람이 영어를 잘하려면 미국처럼 영어를 쓰는 환경에 놓여야 한다고 말합니다. 물론 미국에 있으면 한국에 있을 때보다 영어를 더 잘할 확률은 높습니다.

그렇다고 모든 사람이 영어 때문에 미국에 갈 필요는 없습니다. 한국에 있어도 영어를 잘할 수 있기 때문입니다.

한국에서 태어난 미국 어린이가 영어를 잘하기 위해서 미국에 가야 한다고 말한다면 모두가 말도 안 된다는 반응을 보일 것입니다. 미국인 부모님이 가르치면 되기 때문입니다.

한국에서의 영어교육도 마찬가지입니다. 대한민국이 영어를 쓰지 않는 환경이지만, 그것이 절대적이지는 않습니다. 아이의 영어교육은 부모님의 현명한 판단과 의지에 달려 있습니다.

또한, 부모님의 영어실력 또한 절대적이지 않습니다. 영어의 A, B, C조차 모르는 부모님도 생각을 달리하면 충분히 언어로서 영어교육이 가능합니다.

10

영어는 한국어와 어순이 달라서 어렵다?

“영어와 한국어는 어순이 달라서~~~” 솰라 솰라 뭔가 유식한 것처럼 말하는 사람들이 있습니다.

그런데 이 사람들이 말하는 영어는 원어민처럼 하는 영어가 아니라 한국식 영어라는 것을 알아야 합니다.

원어민과 대화할 때 어순 차이를 생각할 틈이 있는지 생각해보기 바랍니다. 그럼 공부할 때는 생각하고 실전에서는 생각을 안 한다? 마음대로 안 됩니다.

처음 배울 때부터 영어 어순과 한국어 어순을 생각하지 않고 배워야 실전에서도 사고의 방해를 받지 않고, 자유롭게 듣고 말할 수 있습니다.

영어 어순과 한국어 어순을 비교한 영어학습은 한국어를 기반으로 한 한국식 영어라 할 수 있습니다.

어순을 따지지 않는 영어는 한국어의 개입 없이 영어를 영어로 배우는 원어민식 영어라 할 수 있습니다.

즉, 영어공부라고 해서 다 같은 영어를 말하고 있는 것이 아닙니다. 너와 내가 생각하는 영어가 달라도 너무도 다를 수 있습니다.

나는 한국어를 기반으로 한 한국식 영어를 생각했는데 상대방은 한국어 개입이 없는 원어민식 영어를 생각할 수 있다는 것입니다.

이렇게 목표로 하는 영어가 다르면 서로 이야기가 통하지 않습니다. 따라서 자신이 추구하는 영어가 어떤 것인지 확실히 알고 이야기를 나눠야만 서로 얼굴을 붉히지 않을 수 있습니다.

제가 여러분에게 전하는 영어의 대부분은 원어민처럼 하는 영어를 말하는 것으로 한국어가 개입되어 있지 않습니다.

엄마는 한국인, 아빠는 미국인이고, 미국에서 태어난 다섯 살 아이가 한국어와 영어를 모두 능숙하게 구사하는 경우가 있었습니다. 이제 다섯 살인 이 아이는 영어 어순과 한국어 어순을 따져서 말하고 있을까요?

아이들만 그런 것이 아닙니다. 성인도 아이들처럼 처음부터 어순에 구애받지 않고 영어를 배우면 나중에도 어순에 구애받지 않는 영어를 할 수 있습니다.

성인은 스스로 어순이란 족쇄를 채워서 영어에 실패합니다. '어떻게 하면 영어를 쉽게 배울까?' 하는 욕심 때문입니다. 영어 어순과 한국어 어순을 따져서 배우다 보니 나중에는 어순이 꼬여서 오히려 영어가 자연스럽게 나오지 않게 됩니다.

그러나 성인들도 어린아이처럼 배우면, 원어민처럼 말할 수 있습니다.

영어뿐만 아니라 우리가 모국어를 배운 과정을 상기해보시기 바랍니다. 우리는 한국어 어순이나 한국어 문법을 배우기 이전에 듣고 말하는 한국어가 가능했습니다. 오히려 듣고 말하는 한국어를 할 줄 아는 상태에서 한국어 문법을 배우게 됩니다.

다시 말씀드리지만 영어 어순과 한국어 어순을 비교해서 공부하는 영어는 원어민처럼 하는 영어가 아니라 '어~, 에~' 하는, 생각하면서 말하는 한국식 영어라는 것을 깨달아야 합니다.

난 영어로 읽기와 듣기는 되는데
말하기가 안된다고 말하지 말자!

내가 가능한 영어는 오로지 시험을 위한
읽기, 쓰기, 듣기, 말하기뿐이다.

제3장

영어교육의 오해

01

영어전문가들의 잘못된 견해

지금의 영어교육의 병폐는 소위 잘못된 생각을 가진 영어전문가들 때문에 발생했다고 할 수 있습니다.

영어를 쓰지 않는 환경에서는 영어듣기가 아니라 영어문자로 영어를 배워야 조금이라도 쉽고 빠르게 영어를 배울 수 있다고 말해왔기 때문입니다.

그러나 영어를 배우는 데 있어서 환경은 전혀 핑곗거리가 되지 않습니다. 환경이 안 된다면 공부할 수 있는 환경을 만들어야지, 그것을 피하고 다른 방법을 따라가면 좋은 결과는 기대할 수 없습니다.

영어소리를 들을 수 없는 환경이라고 해서 영어문자교육으로 대체해서 공부하면 안 됩니다. 영어듣기를 할 수 있는 효과적인 방법을 찾는 것이 영어전문가들의 역할입니다.

영어를 빨리 배우기 위해서 영어문법을 배워야 한다고 하는데 언제까지 문법을 배워야 진짜 영어를 배울 수 있을까요? 아이러니하게도 영어를 포기할 때까지 공부하고 있는 것이 영어문법입니다.

02 파닉스란 무엇일까?

파닉스가 무엇인지 정확히 아는 사람은 많지 않습니다. 막연하게 "파닉스란 영어글자와 소리를 연결해주는 학습법이고 영어발음을 배우는 학습법이다."라는 막연한 개념을 가지고 있을 뿐입니다.

파닉스를 간단히 설명하면 다음과 같습니다.

주어가 3인칭 단수 현재일 때 동사에는 –s 또는 –es가 붙는다. 이때 –s 또는 –es의 발음이 앞에 오는 알파벳에 따라 발음이 달라지는 것도 배웠을 것입니다. 바로 이 발음 규칙을 배우는 것이 파닉스입니다. 그래서 저는 파닉스를 영어발음문법이라고 부릅니다. 몇 개 안 되는 법칙을 숙지하는 데 쉬웠는지 어려웠는지를 생각해보면 파닉스를 배우는 아이들 심정을 알 수 있습니다.

아이들이 배우는 파닉스법칙에는 다음과 같은 것이 있는데 이런 법칙을 100개 이상 배우는 것이 파닉스교육입니다.

- *C의 발음* *1. c 다음에 e, j, y가 올 때 [ㅅ] nice*
  2. c 다음에 a, o, u가 올 때 [ㅋ] coat

03

영어조기교육에 대한 잘못된 편견

6~7세에 영어를 가르치면 너무 빨라서 어려운 것이 아니라 어정쩡해서 어려운 것입니다.

저는 5세가 넘어가면 영어조기교육이 아니라고 확실하게 구분을 해서 말씀을 드립니다.

5세 이상이 되면 이미 한국어가 정착돼서 이해하기 어려운 새로운 언어인 영어를 배우려고 하지 않습니다. 또한 영어를 이미 잘 아는 한국어를 통해서 배우려고 합니다. 특히나 영어를 사용하지 않는 대한민국의 특성상 영어를 배울 동기를 발견하기 어렵습니다.

다섯 살이 된 아이들은 부모님에게 이 영어단어를 어떻게 읽어야 하는지, 이 단어가 무슨 의미인지 물어봅니다. 이러한 여러 가지 난관을 뚫고 가르쳐야 하기 때문에 5세 이상이 되면 영어교육을 하는 데 점점 더 어려워집니다.

너무 빨라서 어려운 것이 아닙니다. 오히려 2~3세에 영어교육을 하면 아무런 거부감 없이 받아들일 것입니다.

04

모국어를 잘해야 영어를 잘한다?

모국어를 잘해야 영어를 잘한다는 말이 있습니다. 그렇다면 반대로 생각해 봅시다. 영어를 못하는 사람은 모국어를 못 해서 영어를 못하는 것인가요? 대학에 들어갈 정도인데도 영어를 못한다면 그 사람은 한국어를 못하는 사람이라는 것인데 앞뒤가 맞지 않은 말입니다.

모국어를 잘해야 영어도 잘한다고 할때의 영어는 언어영어가 아니라 학습영어라는 것을 알아야 합니다. 영어를 영어로 배우려는 것이 아니라, 한국어를 통해서 영어를 배우기 때문에 한국어를 잘하지 않으면 안 된다고 생각하는 것입니다.

다시 말해서 모국어를 잘해야 영어를 잘한다고 말하는 사람이 의미하는 영어는 원어민처럼 하는 영어가 아니라 한국식으로 하는 영어일 뿐입니다.

(듣기) 영어 ▶ 한국어, 한국어 ▶ 영어 (말하기)

따라서 본인이 정한 영어공부의 목표가 언어영어냐 학습영어냐에 따라서 모국어의 유창성이 필요조건일 수 있고 아닐 수도 있습니다.

05

영어광풍과 영어시험광풍을 구분하자

먼저 결론적으로 말씀드리면, 대한민국은 영어광풍이 아니라 "영어시험광풍"입니다.

영어를 잘하고 싶은 사람이 넘치는 것이 아니라 영어시험 점수를 잘 받고 싶은 사람이 넘치는 것입니다. 겉말과 속마음이 다르기때문에 문제입니다.

진짜 영어열풍으로 영어를 잘하고 싶은 사람이 넘친다면 대한민국의 경쟁력은 급상승하겠지만, 단지 줄 세우기를 위한 영어시험을 잘 보기 위한 영어시험열풍이 부니 문제라고 할 수 있습니다. 일단 시험이 끝나면 아무것도 남지 않는 영어교육을 위해서 그 많은 돈과 시간과 노력을 투자하는 것은 지나친 낭비이기 때문입니다.

진짜 영어를 잘하기 위해 돈과 시간을 투자한다면 그것은 각 개인이나 국가의 경쟁력에 큰 도움이 될 것입니다. 한국은 영어시험광풍이지만, 진짜 영어열풍은 필리핀이나 핀란드에서 일어나고 있습니다. 한국의 영어교육은 평균 여덟 살에 시작하지만, 이들 나라는 태어나면서 시작되기에 어디가 진짜 열풍인지 금방 알 수 있습니다.

06

이미지메이킹이 아닌 사운드메이킹

영어를 공부하는 사람들은 한두 번 '이미지메이킹'이라는 단어를 들어봤을 것입니다. 모국어를 배울 때, 그 말에 맞는 어떤 상황이 있듯, 영어를 공부할 때도 이미지를 활용해서 이미지로 배워야 한다는 것입니다.

그런데 이것을 아셔야 합니다. 선천적으로 눈이 안 보이는 사람도 언어를 배울 수 있습니다. 눈으로 보지 않아도 언어를 배울 수 있다는 것입니다. 즉, 이미지가 언어를 배우는 데 절대적이지 않다는 의미입니다.

차라리 이미지메이킹보다 사운드메이킹이라고 해야 맞습니다. 모국어학습과정을 근거로 이미지메이킹을 말하지만, 진짜 모국어학습과정에서 중요한 것은 바로 소리를 듣고 따라 하는 훈련입니다.

"엄마 해봐 엄마"라는 말을 수만 번 들으면서, "엄마"라는 소리를 듣고 말할 수 있게 된 후, 이 소리와 눈에 보이는 이미지를 매치할 수 있기 때문입니다.

사운드메이킹이 되지 않으면 그것은 언어활동이 아닌 단순히 눈으로 인식하는 것에 지나지 않습니다.

07

영어문법으로 영어회화를 할 생각은 버리자

영작을 하거나 영어시험을 볼 때, 문법을 아는 것이 여러모로 도움되는 것이 사실입니다. 그러나 영어회화는 전혀 다릅니다. 영어문법으로 영어회화를 잘하려고 해서는 절대로 안 됩니다.

영작과 영어회화가 다른 점은 시간입니다. 영작을 할 때는 이리저리 검토할 시간이 충분하지만, 영어회화는 생각할 시간이 없습니다. 영어회화는 즉각적이고 반사적이지 않으면 안 됩니다.

영어회화를 잘하려면, 말하고자 하는 영어가 완전히 체화되어 있지 않으면 안 됩니다.

흔히들 영어문법을 배운 다음에 그것을 체화하면 된다는 말을 합니다만, 그런 일은 절대로 일어나지 않습니다. 가장 쉽다고 할 수 있는 be동사의 활용조차도 체화되지 않습니다. 어느 것 하나 체화되는 것은 없습니다.

진짜 영어회화를 잘하고 싶다면 영어를 듣고서 그 문장을 암기할 수 있도록 하지 않으면 안 됩니다. 언어는 모방입니다.

08 지금 내가 하는 영어공부를 판단하는 기준

내가 지금 어떤 영어를 공부하는지 제대로 아는 것이 중요합니다. 내가 서울에서 부산으로 가려고 하는데 어떤 버스를 타고 있는지 아는 것이 중요한 것처럼 말입니다. 알고 보니 강릉에 가는 버스라면 어떡하나요?

지금 내가 하고 있는 영어공부 판단 기준

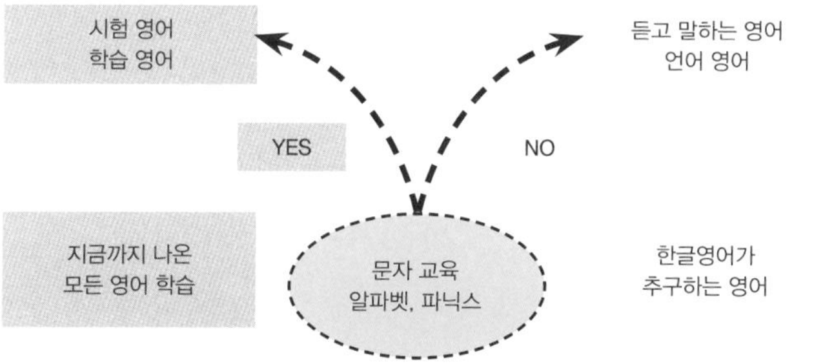

- 왜냐하면 실제 듣고 말할 때는 영어 문자가 없기 때문입니다.
- 한국인이 영어를 실패하는 단 한 가지 이유는 문자 학습 때문입니다.
- 물 밖에서만 수영 연습을 하면 물속에서는 수영을 할 수 없습니다.
- 영어 문자가 없는 영어에 익숙해져야, 듣고 말하는 영어를 할 수 있습니다.

만약 영어를 공부할 때 책의 이름과 목적이 어떠하든 영어문자로 된 교재를 활용해서 공부한다면, 듣고 말하는 영어와 전혀 상관없는 읽고 쓰는 영어입니다. 진짜 듣고 말하는 영어를 하고 싶다면 처음 배울 때부터 영어글자 없이 배워야만 성공할 수 있습니다.

09
영어읽기 하나 제대로 못 가르치는 영어교육

중·고등학생들의 70~80%는 영어단어조차 제대로 읽지 못하는 현실입니다. 그런데 영어선생님이나 학부모들은 이러한 현실을 제대로 인식하거나 받아들이지 않습니다.

영어교육의 시스템을 보면 이미 예견된 사실인데 이 문제를 전혀 인지하지 못하고 있습니다.

제가 이 문제를 제기하면 대부분 이렇게 말합니다. "아니 왜 영어단어를 못 읽어요? 그냥 읽으면 되는데." 맞습니다. 이렇게 말하는 사람도 영어단어를 그냥 읽는다는 것이 문제라는 것을 인식하지 못하기 때문에 이렇게 대답합니다.

영어읽기가 대수롭지 않은 문제라고 생각하는 사람조차 영어읽기가 쉽지는 않을 것입니다. 그런데도 학생들의 읽기 문제를 제대로 이해하지 못하고 있습니다.

대세로 잡힌 파닉스교육의 현실에서 대부분의 학생이 영어읽기를 못하는 것은 당연한 결과입니다.

10

영어를 망치는 파닉스교육

파닉스가 영어를 망치는 교육이라고 말하면, 미국에서도 하는 영어교육인데 왜 그렇게 말하는지 도저히 모르겠다고 합니다.

그런데 미국인과 한국인은 파닉스를 배우는 조건이 다르기 때문에 비교할 수 없습니다. 미국인은 듣기가 완성된 다음에 영어글자를 읽기 위해서 파닉스를 배우지만, 한국인은 영어듣기가 전혀 되어 있지 않은 상태에서 영어글자를 읽기 위해 파닉스를 배우기 때문입니다.

파닉스를 주장하는 사람들은 파닉스는 소리와 문자를 가르치는 교육이라고 말하지만 파닉스는 분명히 영어글자를 읽기 위한 문자교육입니다. 그래서 듣고 말하는 영어를 위한 듣기에 결코 도움이 되지 않습니다.

또한, 파닉스는 일정한 패턴과 법칙을 배워서 읽는 것이기 때문에 진짜 처음 보는 단어는 읽을 수 없습니다. 그 단어가 법칙에 맞는지 예외인지 알 수 없기 때문입니다.

듣기도 못하게 하고, 읽기도 못하게 하기 때문에 영어를 망치는 교육이 파닉스라고 말하는 것입니다.

영어원서 읽기는 영어를 배우는 유일한 방법이라면
사정상 영어글자를 못 읽는 사람은 영어도 배울 수 없다는 말이 된다.

듣고 말하는 영어를 하고 싶다면 이것 하나만은 꼭 알자.
"영어말하기를 하려면 상대방의 말을 들어서 모방할 수 있어야 한다"

제4장

영어교육의 실패

01

난 영어듣기는 되는데 영어말하기가 안 된다?

암에 걸린 환자가 본인은 암에 걸린 것이 아니라고 우긴다면 아무리 뛰어난 의사라도 그 환자를 치료할 수 없을 것입니다.

대한민국에서 순수하게 영어를 공부한 사람이라면 영어듣기가 되는 사람은 없습니다. 영어듣기가 안 되는데 본인은 영어듣기가 된다고 생각하기 때문에 영어에 성공할 수가 없습니다.

이렇게 된 이유는 영어듣기에 대한 기준이 잘못되었기 때문입니다. 우리는 일반적으로 상대방이 말한 내용을 대충이라도 이해할 수 있으면 영어듣기가 되는 것으로 판단합니다. 그러나 진정한 영어듣기가 된다는 것은 의미를 이해하기 전에 들은 영어소리를 그대로 따라 할 수 있는 것을 말합니다.

그래야만 국어사전에서 말한 “듣기란 상대방의 말을 정확하게 듣고 이해하는 일이다.”란 듣기의 정의를 확실히 이해했다고 할 수 있습니다.

02

영어듣기가 안 되면, 영어말하기란 있을 수 없다

어떤 영어교육기관이나 영어교재가 영어듣기의 중요성보다 영어말하기를 강조한다면 그것은 두 번 볼 필요도 없이 가짜 영어라 할 수 있습니다.

언어는 모방에 의해서 완성됩니다. 그것도 들어서 모방할 수 있어야 합니다. 들어서 모방할 수 없으면 언어를 배운다고 말할 수 없습니다.

단순하게 "아"라는 한마디만으로도 음의 고저장단에 따라서 여러 가지 용도로 사용할 수 있습니다. 문자가 아닌 다양한 소리를 듣고 모방할 수 없으면 "아" 한마디도 제대로 사용할 수 없습니다.

그럼에도 많은 곳에서 영어말하기를 강조하는 이유는 듣기를 하는 방법을 모르거나, 말하기를 내세워 학습자를 유혹하기가 쉽기 때문입니다.

그러나 본인이 진정으로 영어말하기를 하고 싶다면, 지금 당장은 영어말하기를 잊고 오로지 영어듣기에 집중해야만 나중에 진짜 영어말하기라는 목표에 이를 수 있습니다. 급할수록 돌아가라는 말을 기억하기 바랍니다.

03

성인이 되어서 성공한 사람들의 공통점

성인이라고 해서 성공하지 못하는 것은 아닙니다. 성인이 되어서도 영어나 중국어 등 외국어를 배워서 원어민처럼 말할 수 있습니다.

그렇다고 도전하는 성인들이 다 성공하는 것도 아닙니다. 성공하는 사람들에게는 분명히 공통점이 있습니다. 이 공통점을 제대로 알아야만 나도 성공할 수 있습니다.

바로 새롭게 영어에 도전할 때, 그들의 영어실력이 정말로 형편없었다는 것입니다.

어떤 이들은 "나는 A, B, C밖에 몰랐다." "Good morning만 할 줄 알았다." "나는 영포자였다."라고 말합니다. 그런데 이런 사람들이 성공합니다.

성인이 되어서 영어를 성공한 사람들의 공통점은 영어를 정말 못했고, 영화 등 영상물로 성공했다는 것입니다. 그래서 영어를 전혀 모른다면 단지 열심히 하는 것만으로 성공할 수 있고, 이미 알고 있다면 알고 있던 영어를 모르는 것으로 만들어야만 성공할 수 있습니다. 변명은 통하지 않습니다.

04

영어유치원의 성공과 실패를 미리 안다?

영어유치원에 보내서 성공하는 아이가 있고 실패하는 아이가 있습니다. 그것은 영어유치원에 보내는 시점에서 이미 판가름 나 있습니다.

1. 영어유치원에 보내기 전 준비

2. 영어유치원의 프로그램 종류

영어유치원에 보내기 전에 집에서 많은 소리가 노출되어 듣기가 완성되었다면 영어유치원에서 어떠한 프로그램을 하더라도 영어실력에 날개를 달 수 있습니다.

영어유치원에 가기 전에 전혀 소리노출이 안 된 상태라면 상황에 따라 다릅니다. 마침 프로그램이 소리 중심의 교육이라면 성공할 여지가 있지만, 곧바로 문자학습 프로그램이 시작되면 열심히 하면 할수록 영어를 망치는 길이 될 수 있습니다.

결론적으로 집에서든 영어유치원에서든 영어듣기를 완성할 기회가 아이에게 주어져야 합니다. 여기에 성공과 실패가 달려 있습니다.

05

재밌게 영어를 배우는 방법은 없다!

영어를 재미있게 배울 수 있는 방법은 없습니다. 놀이로 배우는 영어가 재밌는 것이 아니라 단지 놀이가 재미있을 뿐입니다.

많은 부모님이 자녀가 영어를 재밌게 시작하기를 바라겠지만, 재밌는 영어를 추구하다가 목표가 없는 영어가 되어버립니다. 결국 나중에는 부모가 하던 시험영어로 돌아올 수밖에 없습니다.

어렵더라도 시작할 때, 목표를 확실히 정해야 합니다. 목표로 해야 할 것은 영어듣기를 완성한 다음에 영어로 할 수 있는 것들을 마음껏 할 수 있기를 바라는 것입니다.

재밌는 영화를 본다든지, 원어민 친구를 사귄다든지, 해외여행을 멋지게 한다든지, 영어로 좋은 직장을 얻는다든지, 영어를 잘 배운 다음에 영어로 얻을 수 있는 즐거움을 목표로 해서 영어를 배우는 과정에서의 어려움을 극복해야 합니다.

자꾸만 영어를 재미있게 배워야 한다는 생각 때문에 영어교육 목표를 정하지 못하고 표류하다가 결국은 부모세대가 했던 영어교육으로 되돌아가는 경우를 많이 봅니다.

처음에 힘들더라도 고비를 잘 넘겼다면 시간이 지나면서 더 영어를 재밌게 공부할 수 있습니다. 그러나 초반의 고비를 넘기지 못하고 재밌는 영어만을 추구하다가 좋은 시기를 놓치고 결국은 재미없는 학교영어, 시험영어, 문법영어를 평생 하게 됩니다.

영어듣기를 완성하기까지만 고비를 참으면 됩니다. 최소한 영어듣기가 완성되면 영어스트레스는 없습니다.

수많은 영어로 된 영화나 드라마나 애니 등 볼거리가 넘쳐납니다. 영어를 배운 보람을 느끼게 되고 그것이 동기부여가 되어 더욱 영어를 열심히 하는 선순환이 일어날 수 있습니다.

다만, 영어듣기를 완성할 수 있는 시간은 그리 많지 않습니다. 가장 마지막인 시기는 초등학교를 졸업하기 전이고 그 이후에는 하고 싶어도 쉽게 도전하기 어렵습니다.

06

영영사전일까 영한사전일까? 영어사전 선택 기준

영어를 공부할 때 필수품 중 하나가 영어사전입니다. 영어사전에는 영한사전과 영영사전이 있습니다. 그런데 지금까지 영어전문가들이 "영영사전이 맞다." "아니다 영한사전이 맞다."라며 다른 내용을 주장하는 바람에 사전을 선택해야 하는 학습자들에게 혼란을 주었습니다.

그래서 제가 영어사전을 고르는 간단한 기준을 말씀드리도록 하겠습니다. 영어사전을 고르는 기준은 바로 영어듣기 완성의 유무입니다.

영화나 애니를 듣고 따라 할 정도의 영어듣기 실력이라면 영영사전을, 이정도로 영어듣기가 안 된다면 영한사전을 이용해야 합니다.

이러한 자이는 영어듣기가 된 사람은 영영사전의 뜻풀이나 예문을 볼 때, 본인도 모르게 영어문장을 읽을면서 문장 자체를 암기하려고 하지만 영어듣기가 안 된 사람은 영어예문을 또 하나의 독해자료로 해석하면서 영어문장보다 한글해석이 머리에 남기 때문입니다. 그럴 바에는 차라리 영한사전을 보는 것이 더 낫다는 것입니다.

07

영어를 잘하는 연예인들의 공통점

요즈음 연예인 중에 영어를 잘하는 사람이 많습니다. 어느 날 갑자기 "누구는 영어 능숙"이라는 기사가 뜰 때가 있습니다. 그러면 저는 그 이름으로 검색해봅니다. 그러면 그 사람이 왜 영어를 잘할 수밖에 없는지 그 이유를 알게 되는데, 다른 연예인들이 영어를 잘하는 이유와 거의 같습니다. 과거에 영어듣기를 충분히 할 수 있는 시기가 있었다는 사실입니다.

예전에 나이든 여배우가 영어를 잘한다는 기사가 난 적이 있습니다. 그러자 사람들은 "나도 지금부터라도 영어공부해서 영어를 잘하고 싶다." 면서 부러워했습니다. 그러면서 영어공부를 시작합니다.

그런데 저는 그분이 어떻게 그 나이에 영어를 잘하게 되었는지 궁금해서 옛 기사를 찾아보니 그 이유를 설명해주는 내용을 발견할 수 있었습니다. 바로 미국에서 10년 이상 살았다는 것입니다.

이제부터 어떤 연예인이 영어를 잘한다면 과거 기사를 찾아보세요. 분명히 영어듣기를 할 시기가 있었다는 사실을 알게 될 것입니다.

08

영어의 왕도는 있다, 없다? 이미 있다!

이미 알고는 있지만 조급해서 못할 뿐입니다. 모국어는 소리로 배워서 실패하는 사람이 단 한 사람도 없습니다. 100% 성공합니다. 이것이 바로 언어의 왕도입니다.

영어의 왕도 또한 영어소리로 공부하는 것입니다. 포기하지만 않는다면 100% 누구나 성공할 수 있습니다. 그런데 조급해지면 실패하고 맙니다.

영어소리를 잘 듣던 아이에게 더 빨리 배우기 원하는 마음으로 영어글자를 읽도록 하거나, 문법을 알면 더 빨리 잘할 수 있다는 생각에 문법을 배우게 합니다.

그런데 읽기를 해도 문법을 해도 영어에 실패합니다.

영어의 왕도로 꾸준히 공부하면 아이큐에 상관없이, 누구나 영어를 할 수 있습니다. 이미 알고 하는 영어의 왕도를 외면하고 읽기와 문법을 하지 않기를 바랍니다. 영어문자와 영어문법으로 하는 영어공부는 영어의 왕도를 놔두고 하는, 실패의 연속인 실험일 뿐입니다.

09

영어를 잘한다는 기준

예전에 TV에서 영어전문가들에게 영어를 잘한다는 기준이 뭔지 물어본 적이 있습니다. 그러자 전문가들이 각자 본인이 생각하는 기준을 말했습니다. 그런데 그 기준이 너무도 다르고 어려워서, 이해하고 공감하는데 어렵다는 문제가 있었습니다.

기준이 다르다는 것은 학습자들이 정확한 목표 없이 영어를 공부하는 것과 같습니다. 또한 전문가들조차 영어를 잘한다는 기준이 무엇인지 모른다는 말이기도 합니다.

그래서 지금 영어를 잘한다는 기준을 말씀드립니다.

영어를 잘한다는 것은 영어 프리토킹이 되고 토론이 되는 수준이라기보다 영화나 애니를 보고 들으며 따라 할 정도가 되는 실력을 말합니다.

영어듣기가 되는 사람은 현재 말하기가 안 되더라도 차후에 필요에 의해서 공부하게 되면 충분히 말하기 실력을 갖추게 됩니다.

10

영어공부할 때 의미를 알려줘야 하나요?

결론은 의미를 알려주면 안 됩니다.

물론 영어를 공부하는 목적이 읽고, 쓰고, 시험 보는 것이라면 일시적이고 순간적인 결과를 위해서 의미를 알려주는 것도 나쁘지는 않습니다.

그러나 만약 듣고 말하는 영어, 원어민처럼 하는 영어를 목표로 영어를 공부한다면 절대로 한국어가 개입되어서는 안 됩니다.

일단 한국어를 통해서 이해한 영어는 차후에 그 영어를 사용하려고 할 때, 반드시 한국어를 떠올려야 한다는 제약이 생깁니다. "콩 심은 데 콩 난다."는 말처럼 한국어로 이해해서 받아들인 영어는 한국어를 통해서 나갈 수밖에 없습니다.

틀리더라도 알려줘서는 안 됩니다. 그림이나 영상을 통해서 스스로 이해하고 수정하고 터득할 시간을 충분히 주는 것이 중요합니다. 느린 방법인 것 같지만 오히려 더 빠른 영어교육입니다. 그래야만 영어를 영어로 이해할 수 있는 힘이 생기게 됩니다.

제5장

영어교육의 본질

01

영어읽기, 쓰기, 듣기, 말하기를 동시에 못하는 이유

영어읽기와 영어쓰기는 문자교육이고, 영어듣기와 영어말하기는 소리교육입니다. 이제까지 영어교육에서는 이들 네 가지 영역을 4대 영역이라고 하며 동시에 배워야 영어실력이 늘어난다고 말해왔습니다.

하지만 정말 간곡히 말씀드리지만, 4대 영역을 동시에 할 수 없는 분명한 이유가 있습니다. 할 수 없는데 하고 있기 때문에 우리 모두가 실패하는 것입니다.

비유해서 말씀드리면, 초기 상태의 문자는 사자, 소리는 쥐와 같습니다. 만약 사자와 쥐를 같은 방에 놔둔다면 어떻게 될까요?

태어난 아기의 경우만 봐도, 눈으로 보는 것은 훈련이 필요하지 않지만 모국어를 알아듣기 위해서는 부모님의 부단한 노력이 필요합니다.

또한 백문이 불여일견이라는 말도 상기해보세요. 보는 것, 즉 문자는 듣는 것(소리)보다 백배의 힘이 더 있다는 의미입니다.

결론적으로 문자는 소리보다 엄청난 힘을 지니고 있어서 둘을 같이 놔

두면 승자의 독식처럼 한쪽으로 치우칠 수밖에 없습니다. 문자교육과 소리교육을 동시에 하면 소리교육은 결코 살아남을 수 없습니다.

그래서 적어도 소리가 호랑이 정도로 커질 때까지 사자 같은 문자교육을 절대로 같이 하면 안 됩니다.

문자와 소리를 같이 가르치면 서로 보완적일 거라고 생각하지만 그렇지 않습니다. 문자와 소리는 어느 위치까지는 적대적이라 할 수 있습니다.

소리교육을 통해서 소리를 충분히 키워줬을 때만이 문자와 소리가 서로 보완적인 관계를 유지할 수 있습니다.

이러한 문자와 소리 사이 힘의 논리를 이해하지 못하면 영어를 아무리 공부해도 실패할 수밖에 없습니다. 듣고 말하는 영어를 하고 싶지만, 소리는 문자의 힘에 눌려서 제대로 힘을 발휘하지 못하기 때문입니다.

02

영어를 아무리 들으면 뭐해? 이해가 안 되면?

영어전문가일수록 이런 말을 잘합니다. "영어를 아무리 들으면 뭐해? 이해가 안 되면?"그래서 영어를 이해하기 위해 자신만의 문법을 공부하는 방법이나 단어를 암기하는 방법이나 해석하는 방법 등 수많은 영어공부 방법을 쏟아내고 있는 실정입니다.

그런데 한국인의 진짜 문제는 영어소리 자체를 듣고 따라 할 줄 모르는 것인데 영어전문가들조차 이것을 깨닫지 못하고 있습니다. 즉, 한국인의 영어병을 잘 진단하지 못하기 때문에 해결책이 나올 수 없습니다.

그냥 소리를 들으려고 노력만 하면 됩니다. 너무나 간단한데도 믿지 못합니다. 듣기는 그냥 소리를 듣고 따라 할 줄 알면 됩니다. 그래서 정말 간단합니다.

그런데 여기에 이해라는 말을 붙이면 복잡해지기 시작합니다. 수많은 비법이나 비결이라는 방법들이 난무합니다. 그러나 그냥 소리를 듣는 것과 이해를 분리해서 생각하면 영어가 정말 간단해집니다.

영어가 들리면 그다음에, 하고 싶은 방법들을 하세요.

03

영어 베스트셀러를 따라 해도 실패하는 이유

열심히 공부해서 성공한 사람이 낸 책이 베스트셀러가 되는 경우가 종종 있습니다. 그러면 많은 사람이 그 책을 사서 열심히 따라서 하지만 나는 결국 실패로 끝나게 됩니다.

그 사람은 사실을 말했지만, 내가 부족해서 실패한 기분이 들어 우울해지기도 합니다. 그러나 알아야 할 것이 있습니다. 여러분이 베스트셀러 작가가 말하는 것을 100% 똑같이 따라 해도 실패할 수 있다는 것입니다.

왜냐하면 출발점이 다르기 때문입니다. 영어에 성공했다고 책을 낸 사람은 제로에서 출발했다면, 여러분은 (-)에서 출발했을 공산이 크기 때문입니다.

역설적이게도 영어를 못하는 상태면 제로(0), 영어를 공부하는 정도에 따라서 (-)가 됩니다.

시작할 때의 영어수준을 생각하지 않고 무작정 따라 하면 실패하기 쉽습니다.

04

3일 만에 영어문법을 공부하는 방법

문법책을 처음부터 끝까지 보는 데 너무 많은 시간이 걸리면 안 됩니다. 예를 들어 1페이지를 1월 1일에 봤는데 마지막 페이지를 12월 31일에 본다면, 마지막 페이지를 볼 때쯤에는 1페이지에서 무엇을 공부했는지 전혀 생각나지 않을 것입니다.

그래서 앞으로 그래머○○○ 등 영어문법책을 공부할 때는 3일에 한 번씩 본다는 생각으로 공부해야 합니다. 그래야만 반복에 의한 망각곡선을 이겨낼 수 있습니다.

3일 만에 보는 요령은 이렇습니다.

1. 설명부분을 보고 본인만의 예문을 만들어서 노트에 적습니다. 보통 한 페이지에 3~4개의 문법요소가 나오므로 3~4개의 영어문장을 만듭니다.

2. 이때 나머지 영어예문이나 연습문제를 풀지 않습니다. 잘못 하다가는 문법공부가 아니라 단어공부나 독해공부가 될 수 있습니다. 그래머○○○ 책으로 공부하면서 단어 옆에 의미를 빼곡히 적지 않도록 합니

다. 그래머○○○는 단어장이 아니기 때문입니다.

3. 노트에 정리한 나만의 예문을 녹음해서 수시로 듣습니다. 동시에 그 문장을 왜 만들었는지 역으로 문법요소를 생각해 내도록 합니다.

4. 처음부터 마지막까지 몇 번의 반복 청취와 복습을 통해서 전체적인 문법 흐름을 알게 되면, 이전에 공부하지 않았던 예문의 독해나 연습 문제를 풀어보도록 합니다. 이렇게 하면 문법요소를 공부하고 곧바로 문제를 풀 때 여러 가지 연관된 문법요소들까지 복합적으로 생각하면서 문제를 풀게 됩니다.

5. 인강이나 학원이나 여러 경로를 통해서 자신의 부족한 부분을 전문가들의 설명을 통해서 채워나가도록 합니다. 이미 영어문법의 전체 틀을 알기에 무슨 이야기를 하는지 머릿속에 큰 그림을 그린 상태에서 듣기에 훨씬 빨리 이해할 수 있고 오랫동안 기억하게 됩니다.

05

영어교육은 빈익빈 부익부의 대명사?

영어교육은 돈이 많을수록 더 잘하기 쉽다고 생각하지만 꼭 그렇지는 않습니다. 오히려 영어교육은 돈이 들어가지 않는 교육이라고 말해도 과언이 아닙니다.

그럼 어떻게 해야 돈이 들어가지 않는 영어교육이 가능할까요?

바로 영어듣기의 완성을 목표로 한 엄마표 영어에 있습니다. 홈스쿨링 등을 통해 영어듣기를 가능하도록 만든다면 유튜브 등 수많은 영상물을 활용할 수 있기 때문에 무료로 영어를 배울 수 있는 자료는 무궁무진합니다.

반대로 영어듣기를 완성하지 못한다면 이러한 무료 영상물을 전혀 이용할 수 없습니다. 유료로 영어를 배울 수밖에 없기 때문에 영어교육은 돈이 들어가는 교육이 될 수밖에 없습니다.

목표를 어떻게 설정하느냐에 따라 영어교육은 빈익빈 부익부가 진짜 맞을 수도 있지만 아닐 수도 있습니다.

06

영어문장 암기는 영어말하기가 아닌 영어듣기

시중에는 영어문장을 암기해서 영어말하기에 성공했다거나 영어말하기를 위해서 문장암기를 해야 한다는 책들이 너무도 많습니다.

그러나 저는 다르게 말씀드립니다. 영어문장을 암기하되 영어듣기를 위해서 하는 거라고 생각해야 한다고 말입니다. 언어는 결국 들어서 모방하는 것이기 때문에 들어서 모방할 수 있는 능력을 키우는 것이 한 문장씩 외우는 것보다 더 중요하다고 할 수 있습니다.

단어나 문장을 암기하지 않고는 절대로 듣고 말하는 영어를 할 수 없습니다. 그러나 초기 영어공부에 있어서 영어문장 암기는 외워서 내가 써먹기 위한 목표가 아니라 원어민이 말하면 빨리 알아듣겠다는 영어듣기에 목표를 두어야 합니다.

영어문장을 암기해서 성공한 사람들은 이전에 이미 영어듣기를 충분히 할 시간이 있었기 때문에 영어문장암기가 영어말하기로 이어졌을 뿐입니다. 이것을 간과하지 못하면 아무리 열심히 공부해도 실패할 수밖에 없습니다.

07

진정한 영어읽기란?

요즈음 파닉스라는 것이 영어읽기 교육의 대세로 잡힌 상황이라 할 수 있습니다만 파닉스로 읽는 영어읽기는 진짜가 아닌 가짜 영어읽기에 불과합니다.

진짜 읽기가 무엇인지 안다면 파닉스로 하는 영어교육을 지금처럼 무작정 따라하지는 않을 것입니다.

진짜 영어읽기란 영어듣기가 완성이 되어서, 영어소리를 충분히 들을 수 있는 상황에서 영어소리를 들으면서 영어글자를 보게 되면 영어소리와 글자를 매치하여 두뇌에 저장하게 됩니다. 이후 다른 곳에서 예전에 배운 영어글자를 봤을 때 나도 모르게 그 글자와 짝지어진 소리가 생각나서 읽는 것이 진짜 영어읽기라 할 수 있습니다.

파닉스교육에서 말하는 발음법칙을 알아서, 내가 영어소리를 조합해서 영어글자를 읽는 것은 진짜 영어읽기가 아니라는 것입니다. 언어는 결국 모방입니다. 그래서 진짜 영어읽기를 하기 위해서는 반드시 영어듣기가 되지 않으면 안 된다는 것을 알 수 있습니다.

08

진정한 말하기란?

한국인은 말하기를 위해서 단어와 문법을 열심히 공부합니다. 그런데 이렇게 하면 말하는 영어는 진짜 영어가 아닐 수 있습니다. 문법은 맞지만 원어민들이 쓰지 않는 표현일 수도 있다는 것입니다.

역으로 이런 우스갯소리가 있습니다.

미국에서 온 선교사가 송구영신 예배에서 이런 말을 했다는 것입니다. "이번 년이 가고 다음 년이 옵니다." 어떤 말을 하고자 했는지 듣는 우리는 알지만 실제로 이런 표현을 사용하지는 않습니다.

진정한 말하기란 원어민들이 현재 쓰는 말을 많이 들어서 문장 전체를 외운 후 모방해서 말하는 것이라 할 수 있습니다. 지금처럼 단어와 문법으로 공부하는 영어는 어디까지나 시험용 말하기나 한국식 말하기에 지나지 않습니다.

진짜 원어민처럼 말하고 싶다면, 듣기가 완성돼서 원어민이 말하는 표현을 내 것으로 만들어서 쓰려고 해야 합니다.

09

진정한 모국어학습법

시중에는 모국어학습법이란 이름으로 영어학습자를 유혹하는 상품이 넘쳐 납니다. 모국어학습법에 대한 명확한 개념이 정리되지 않으면 계속해서 속을 수밖에 없습니다. 그래서 진정한 모국어학습법에 대해서 말씀드립니다.

모국어학습법에서 진정 알아야 할 것은 두 가지입니다.

1. 말하기가 아닌 듣기가 먼저
2. 소리교육과 문자교육의 철저한 분리

흔히들 모국어는 읽기교육 이전에 말하기부터 배웠다는 말로 그럴싸하게 포장하기도 하지만 모국어는 말하기가 아니라 듣기부터 시작했습니다. "엄마 해봐 엄마"를 수만 번 들은 후에야 비로소 "엄마"라는 말을 하게 됩니다. "아빠 해봐 아빠"라는 말을 수천 번 듣고 "아빠"를 따라 하게 됩니다.

모국어는 말하기 전에 엄청난 양의 듣기가 수반됩니다.

그리고 모국어는 듣고 말하는 소리교육이 완성된 다음에도 몇 년이 지나서 ㄱ, ㄴ, ㄷ의 한글 문자교육을 하게 됩니다.

즉, 모국어는 소리교육과 문자교육이 병행된 교육이 아니라 철저하게 분리된 교육이라 할 수 있습니다.

만약 어느 영어학습법이 모국어학습법이라고 하려면 이러한 두 가지 기준을 맞춰야 합니다. 그렇지 않으면서 어정쩡한 과정으로 모국어학습법이라고 한다면 그것은 거짓 영어교육이라 할 수 있습니다.

한국인이 모국어학습법으로 영어를 배운다면 모국어를 100% 성공한 것처럼 영어도 100% 성공할 수 있습니다. 이때 학습자의 나이는 고려대상이 아닙니다. 그것은 한국어 나이일 뿐 이제 막 영어를 배운다면 영어나이로는 0살이고, 0살인 아이가 영어를 새로운 모국어로 배운다고 생각하면 이해하기 쉽습니다.

10

모든 영어학습법은 두 가지로 구분 가능하다

대한민국에는 수많은 영어학습법이 넘쳐납니다. 이는 이제까지 확실하게 성공할 수 있는 방법이 없었다는 것의 반증이기도 합니다. 그래서 저마다 내 방법이 옳다면서 영어 좀 하는 사람들이 각자의 경험을 책이나 학습법이란 이름으로 세상에 내놓게 됩니다.

그런데 성공한 사람들에겐 자신만의 영어학습법이 본인에게 맞을 수 있지만, 다른 사람에게는 맞지 않을 수도 있습니다. 왜냐하면 본인이 공부한 그대로를 쓴 것이 아니라 요약해서 쓰게 되거나, 본인도 정확한 성공 원인을 모르고 쓰기 때문입니다.

그래서 무조건 성공한 영어학습법이라고 해서 따라 하기보다는 본인의 영어공부에 맞을지 안 맞을지 살펴봐야 합니다. 다음 기준을 중심으로 생각해봅시다.

1. 영어문자로 하는 영어학습법 - 학습영어
2. 영어문자 없이 하는 영어학습법 - 언어영어

이 기준만 정확히 알고 있으면 흔들릴 일이 전혀 없습니다.

영어문자와 함께 MP3를 들으면서 하면 어차피 영어듣기를 하는 것이 아닌가 싶겠지만 절대 그렇지 않습니다. 결국 실패하게 됩니다.

오로지 소리로만 하는 영어공부시간이 충족된 다음에 문자교육을 해야만 듣고 말하는 영어를 할 수 있고, 읽고 쓰고 시험 보는 영어도 잘할 수 있습니다.

반대로 묻고 싶습니다.

왜 그렇게 문자를 가지고 공부하려는 건가요?

듣고 말할 때는 문자 없이 해야 하는데, 왜 문자 없이 하는 영어에 익숙해지려고 노력하지 않는 건가요?

진짜 듣고 말하는 영어를 하고 싶다면 영어문자 없이 영어를 쓰는 상황에 익숙해져야 하고, 그것은 처음 영어를 배울 때부터 해야 가능합니다.

"들을 줄 알면 뭐해, 의미를 모르면?"이라고 말하지만
실제로는 소리가 들리지 않아서, 아는 의미도 무용지물이다.
의미를 이해하기 전 소리를 들을 줄 알아야 한다.

제6장

영어교육의 이론

01

집중듣기가 아닌 집중읽기

잘못된 용어를 사용하는 덕에 많은 사람이 오해하는 것 같아 용어의 정의를 바로 잡을 필요가 있는 것 같습니다. 집중듣기란 말 때문에 듣기를 하는 줄 착각합니다.

어디서는 영어책을 손으로 짚으면서 원어민의 오디오를 듣는 것을 집중듣기라고 하는 것 같습니다. 간혹 그곳 프로그램을 하는 분들에게 물어봤습니다. 이 과정의 진정한 목적이 무엇이라고 생각하나요? 듣기인가요? 읽기인가요? 그러면 백이면 백 "읽기요!"라고 대답합니다.

그렇습니다. 실상은 집중듣기가 아니라 집중읽기인 셈입니다. 글자를 집중해서 보기 위해서 손으로 짚고 공부하면서 집중 '듣기'라고 한다는 것은 모순입니다.

이제부터 집중듣기가 아니라 집중읽기라고 고쳐 부르기 바랍니다. 진정한 집중듣기는 '한글영어'라는 프로그램에 있기 때문입니다. 한글로 된 영어문장을 집중해서 암기하는 것이 진정한 집중듣기입니다. 소리를 눈으로 보면서 암기하는 것이기 때문입니다.

02

파닉스로도 잘 읽던데요?

결론적으로 그것은 착각입니다.

파닉스를 배운 초등학생이 파닉스로 읽는다는 것은 착각입니다. 파닉스로 잘 읽는 것이 아니라, 파닉스를 배울 때 옆에서 가르쳐 주는 영어선생님이 읽어주는 소리를 듣고 읽는 것이지 파닉스법칙을 생각해서 읽는 것이 아닙니다.

만약 파닉스법칙을 잘 알아서 읽는 것이라고 생각된다면 처음 볼 법한 의학용 영어를 제시하고 읽어보게 하면 됩니다. 이렇게 말하면 파닉스를 옹호하는 분들은 아이들이 그런 단어까지 읽을 필요가 없다는 말로 응수합니다만 그런 의미가 아닙니다. 단지 읽는 것뿐이기 때문에 쉬운 단어나 어려운 단어나 문제되지 않습니다.

파닉스법칙을 알아서 쉬운 단어를 읽었다면, 법칙이 적용되는 조금 긴 영어단어도 읽을 줄 알아야만 진짜 법칙을 안다고 말할 수 있습니다. 그런데 읽을 수 없을 것입니다. 이것을 파닉스를 가르치는 선생님도 마찬가지입니다. 왜냐하면 원래부터 파닉스는 새로운 단어를 읽는 것이 아니라 추측하는 용도이기 때문입니다.

03

성인의 영어듣기가 어려운 이유

영어듣기를 할 때는 도를 닦는 것처럼 나 자신을 버리고 상대방의 소리에 100% 집중하려고 해야 합니다.

그런데 이미 문자와 의미를 공부한 경험이 있는 성인의 경우에는 소리에 집중하지 못하고 반쯤은 '저 소리가 무슨 의미일까?' 하고 딴 생각하는 데 바쁩니다.

이런 상황이 언뜻 이해되지 않는다면, 조금은 알고 있는 영어소리를 들을 때와 하나도 모르는 중국어를 들을 때 서로 어떻게 다른지 생각하면서 들어보기 바랍니다.

영어는 뭔가 경직돼서 듣는다면 중국어는 아주 편안한 마음으로 듣는 차이를 발견할 수 있습니다. 어떤 자세로 듣느냐에 따라서 소리에 집중하는 것이 다릅니다.

어린아이들이 영어를 빨리 배우는 이유는 의미와 문자를 잘 모르는 상태에서 영어소리에 집중해서 듣기 때문이고, 성인이 어려운 이유는 잘못된 문자와 의미교육이 영어소리를 듣는 것을 방해하기 때문입니다. 성공하고 싶다면 이미 아는 것을 잊으려고 노력해야 합니다.

04

영어발음에 민감한 사람은 영어듣기가 안 된다

한국사람만큼 영어발음에 민감한 사람도 없습니다. 그런데 여기에 분명한 이유가 있습니다. 한국사람이 진짜 원어민처럼 영어를 잘해서도 아니고 영어를 잘하고 싶어서도 아닙니다.

예전에 TV 프로그램에서 전 반기문 유엔사무총장의 연설문을 듣고 소감을 말하는 것이 있었습니다. 대부분의 한국인은 그가 영어를 못한다고 평가했고, 특히나 발음이 형편없다고 평가한 반면에 외국인은 정말 수준 있는 영어라고 평가했습니다.

그리고 한국인에게 다시 물어봤습니다. "내용을 알아 들으셨나요?"

한결같이 대답합니다. "내용을 이해하지는 못했습니다." 이것이 한국사람이 영어발음에 진짜 민감한 이유입니다. 영어듣기가 되는 외국인은 내용에 집중한 반면, 듣기가 안 되는 한국인은 발음에 집중할 수밖에 없습니다.

다시 말해서, 상대방이 영어로 말한 내용이나 의미를 알아듣지 못하기 때문에 그나마 평가 할 수 있는 발음을 두고 좋다, 나쁘다고 말할 뿐입니다.

05

대한민국은 ESL? EFL?

영어전문가들은 영어를 어떻게 사용하는지에 따라서 ESL 또는 EFL로 구분합니다. ESL은 English as a Second Language의 약자로 영어를 제2의 모국어로 쓰는 경우, EFL은 English as a Foreign Language의 약자로 영어를 외국어로 쓰는 경우를 말합니다.

그런데 이러한 구분은 영어를 쓰는 환경을 나눴을 뿐 이 자체가 영어를 배우는 방법을 결정하지는 않습니다. 그럼에도 영어전문가들의 잘못된 생각으로, 영어를 쓰는 환경의 차이를 영어를 배우는 방법의 차이에 적용했다는 것입니다.

ESL에서는 이렇게 배우고, EFL에서는 저렇게 배워야 한다는 식으로 말입니다. 그러나 이러한 시각은 잘못되었습니다. 한마디로 영어를 배움에 있어서 ESL과 EFL의 구분은 크게 의미가 다르지 않습니다.

예를 들어 한국에서 태어난 미국 어린이는 영어를 배우는 환경이 어떻게 되나요? 영어를 모국어로 쓰지 않는 환경에서 영어를 배우니 영어를 제2외국어로 배운다고 해야 할까요?

반대로, 한국에서 태어난 아이가 미국에 이민을 갔는데 한인타운에서 계속 생활한다면 영어를 모국어로 배우는 것인가요? ESL인가요? EFL인가요?

이처럼 ESL과 EFL로 구분하기 어려운 경우는 수없이 많습니다. 그렇다고 해서 저마다 언어를 배우는 방법이 달라져야 할까요? 아닙니다. 이들이 어떤 언어를 배우든 배우는 방법은 똑같습니다.

한국이 아무리 영어를 쓰지 않는 EFL환경이라 할지라도 지금까지 나온 EFL식 영어학습법으로는 절대로 영어공부에 성공할 수 없습니다.

ESL환경에서든 EFL환경에서든 영어에 성공하고자 한다면 반드시 문자교육을 하기 전에 듣기부터 시작해야 합니다. 이것을 놓고 환경 탓을 하면 절대로 안 됩니다.

다만, 차이가 있다면 ESL환경에서는 영어소리를 쉽게 들을 수 있기 때문에 영어듣기 교육이 쉬운 반면에, EFL환경에서는 영어소리를 듣기가 어려워서 영어듣기 교육이 어렵다는 차이가 있을 뿐입니다.

06

영어전문가의 모순을 알아보자

예전에 TV에서 대한민국의 영어 문제에 대해서 심도 있게 취재하고, 실험해서 방영한 프로그램이 있었습니다. 지금까지도 많은 사람이 언급하는 좋은 내용을 담고 있습니다.

그런데 여기에 영어전문가들의 잘못된 말이 있었습니다. 물론 이런 점을 알아차리는 사람은 아무도 없긴 합니다. 전문가는 이렇게 말합니다.

"언어를 배우는 첫걸음은 그 소리를 잘 듣는 것입니다. 그래서 영어책을 큰 소리로 읽어야 하는 것입니다."

그래서 이 프로그램에서는 영어실험 참가자들에게 매일 영어문장을 50번씩 읽게 하는 과제를 내주기도 합니다. 그런데 잘 생각해보시기 바랍니다. 어느 것이 진짜 첫걸음인지 말입니다.

언어를 배우는 첫걸음이 듣기라고 했는데 만약 그 듣기를 위해서 영어책을 큰소리로 읽는다면 진짜 첫걸음이 듣기인가요? 읽기인가요? 실험대로라면 듣기가 아니라 읽기인 셈입니다.

07

미국문화를 잘 알아야 영어를 잘한다?

한국인은 보통 24개월이면 말문이 터집니다. 마찬가지로 미국 아이들도 24개월이면 영어 말문이 터집니다.

그러면 말문이 터진 아이들이 해당 국가의 문화를 잘 알아서 말문이 터졌을까요? 한국 아이들은 한국문화를 잘 알아서, 미국 아이들은 미국문화를 잘 알아서 한국어와 영어를 할 수 있게 된 건가요?

결코 아닙니다.

그러면 왜 미국문화를 잘 알아야 영어를 잘한다고 할까요? 그것은 영어를 할 수 있는 것과 영어를 잘하는 것을 혼동해서 일어난 일입니다. 24개월 된 어린이는 영어를 할 수 있는 것이고, 열 살 어린이는 영어를 잘 할 수 있는 것입니다. 한국인에게 진짜 필요한 공부는 영어를 말할 줄 아는 것이지, 영어를 잘하는 것이 아닙니다.

일단 영어말문이 터지는 데 있어서 그 문화를 알고 모르고는 중요하지 않습니다. 소리를 듣고 따라할 줄만 알면 됩니다. 말문이 터진 다음에 고도의 영어를 구사할 때 비로소 미국문화에 대해 아는 것이 필요합니다.

08

딕테이션은 영어듣기에 방해

우리는 초등 저학년 국어시간에 받아쓰기를 합니다. 이때 받아쓰기의 목적을 잘 듣기 위해서라고 생각하나요? 아니면 글자를 잘 알기 위해서라고 생각하나요? 받아쓰기는 문자교육이지 듣기교육이 아닙니다.

그럼에도 많은 성공한 사람들이 잘못 가르치면서 초보자를 혼란에 빠트립니다. 성공한 사람들은 딕테이션 때문이 아니라 다른 이유로 성공했는데도 말입니다.

들리는 소리는 '궁닙'이지만 문자로 적을 때는 들리는 소리가 아닌, '국립'이라고 적어야 한다고 가르치는 문자교육일 뿐입니다. 소리와 문자의 불일치를 깨우치는 정도입니다.

듣기를 잘하기 위해서 받아쓰기를 하라고 하는데 진짜 받아쓰기의 의미는 문자를 깨우치라는 것입니다.

딕테이션이 영어듣기에 도움이 되기 위해서는 들리는 영어소리를 영어문자가 아닌 한글로 쓴 후 읽어서 문자가 아닌 소리로 의미가 이해되도록 해야 합니다.

09

질문하고 답하는 영어회화 수업의 진실

영어회화 수업이라고 하면 질문하고 답하는 수업이 당연하게 여겨질 것입니다. 그러나 영어듣기가 되기 전에 이렇게 질문하고 답하는 영어회화 수업을 하면 안 됩니다. 잘못된 언어습관을 만들기 때문입니다.

영어듣기가 되기 전 질문하고 답하는 식으로 영어를 배우면 영어공부를 한 후 머릿속에 남는 것은 영어가 아니라 한국어입니다.

상대방의 말을 들을 때 전체 문장이 영어로 들어오는 것이 아니라 중간중간 아는 영어단어로 의미를 추측해서 이해한다는 것입니다. 이해하는 순간 이미 영어는 사라지고 없습니다.

상대방에게 말할 때도 마찬가지입니다. 한국어를 먼저 떠올린 후 이에 맞는 영어단어를 생각해서 말하게 됩니다. 말을 하고 난 후 머릿속에는 한국어만 남습니다.

이러한 식으로 영어를 듣고 말하면 아무리 영어공부를 해도 머릿속에 남는 것은 영어가 아니라 한국어입니다. 반드시 듣기부터 해야 영어가 남습니다.

10

배경지식이 있어야 영어를 잘한다?

이것도 어디까지나 '영어소리만 들으면 뭐해? 의미를 모르면 쓸모 없잖아?'와 같은 개념이라고 할 수 있습니다. 하지만 아기는 배경지식이 없이도 "엄마 해봐." "아빠 해봐."라는 부모의 말을 듣고 따라 하는 방법으로 모국어를 배웁니다. 결국 듣고 따라 하는 것이 최선의 방법입니다.

듣기에는 2단계가 있습니다.

1. 듣고 따라 하는 단계 2. 그것을 이해하는 단계

한국사람은 영어를 공부할 때 듣고 따라 하는 단계가 하나도 안 됩니다. 그런데 이해하는 단계로 건너뛰어 넘어가려고 합니다. 한국인에게 중요한 것은 이해하기 위한 배경지식을 공부하기 전에, 영어소리를 듣고 따라 하는 것입니다. 여기에 집중해서 노력해야 합니다.

영어를 말하는 것과 영어를 잘 말하는 것은 다릅니다. 영어를 말한다는 것은 말문이 터진 것을, 영어를 잘 말한다는 것은 배경지식이 많은 것을 의미합니다. 우리에게 당장 필요한 것은 영어를 잘 말하기 위한 방법이 아니라 영어말문이 터지게 하는 방법입니다.

제7장

영어교육의 기본

01 영어듣기는 중요한 것이 아니라 기본

02 영어단어 잘 외우는 방법

03 공부방법은 나이나 환경이 아닌 목표에 따라 다르다

04 알고 들어야 들린다?

05 영어는 속도가 아니라 방향이다

06 영어에 성공하는 방법이 다양하다?

07 형사와 범인의 대화?

08 왜 이렇게 영어학습법이 많은가요?

09 영어듣기가 된다는 느낌

10 수능영어 방식을 수천 번 바꿔도 안 된다

01 영어듣기는 중요한 것이 아니라 기본

전문가를 비롯해서 많은 사람은 영어듣기가 중요하다고 생각합니다. 그러나 영어듣기는 중요한 것이 아니라 기본입니다.

중요하다고 생각하는 것과 기본이라고 생각하는 것에는 많은 차이가 있습니다. 중요하다고 생각하면 듣기, 읽기, 쓰기, 말하기를 동시에 해도 상관없고, 듣기가 부족하면 읽기 또는 말하기를 열심히 해서 보충하면 된다고 생각하기 쉽습니다. 그러나 기본이라고 생각하면 완전히 달라집니다. 반드시 읽기, 쓰기, 말하기를 하기 전에 듣기를 하지 않으면 안 된다고 생각하게 됩니다. 이처럼 중요한 생각의 차이가 발생하게 됩니다.

진정한 읽기와 말하기가 무엇인지 안다면 듣기를 먼저 하지 않을 수 없습니다. 진정한 읽기란 들은 소리와 문자를 매치하여 기억했다가 글자를 보고 들은 소리를 기억해내서 읽는 것을 말하고, 진정한 말하기는 단어와 문법으로 말을 만들어내는 것이 아니라 들은 소리를 모방해서 말하는 것을 가리킵니다.

듣기는 중요한 것이 아니라 기본입니다.

02

영어단어 잘 외우는 방법

영어를 공부할 때 가장 어려운 부분이 영어단어를 외우는 것입니다. 영어단어를 외우는 데 별다른 비법이 있지 않습니다. 여러 번 반복해서 보는 것이 가장 좋은 방법입니다. 이에 따라 여러 번 쉽게 반복할 수 있는 방법을 알려드리겠습니다.

1. 우선 자신이 외우고자 하는 단어를 25개 단위로 적습니다. 그리고 그 단어 옆에 발음기호를 보고 정확한 발음을 한글로 적습니다. 예를 들어 '1. apple[애플]사과'와 같이 25번까지 적습니다. 이때 예문을 "[애플]은 빨간 과일이야."라고 적으면 훨씬 도움이 됩니다.

2. 헤드셋과 녹음 프로그램으로 적어 놓은 단어들을 자신의 목소리로 녹음합니다. 예를 들어 [애플] [애플] 사과 또는 "[애플]은 빨간 과일이야." 라고 녹음합니다. 이때 어려운 단어는 세 번, 쉬운 단어는 두 번 읽으면서 녹음합니다.

3. 녹음한 파일을 핸드폰 등에 저장해서 등·하교 또는 출·퇴근 시간이나 쉬는 시간 등 자투리 시간에 반복해서 들으며 공부하면 빠르게 반복 학습할 수 있습니다.

03

공부방법은 나이나 환경이 아닌 목표에 따라 다르다

영어를 배울 때 흔히들 나이나 주변 환경 때문에 방법을 달리해야 한다는 이야기를 많이 합니다.

아주 어렸을 때 배우는 것과 한국어가 능숙한 다음에 배우는 영어는 달라야 한다거나, 핀란드처럼 영어를 잘하는 환경에 놓인 것과 한국처럼 영어를 쓰지 않는 환경에서의 영어공부는 달라야 한다고 말하는 것입니다.

그러나 이것은 변명이고 핑계에 지나지 않습니다. 영어를 배울 때는 자신의 나이나 환경에 따라서 공부방법이 달라지는 것이 아니라, 영어를 공부하는 절실한 목표에 따라서 달라지는 것입니다.

읽고, 쓰고, 시험 보는 영어라면 문자 위주의 영어공부를 해야 하고, 듣고 말하는 영어라면 소리 위주의 영어공부를 해야 합니다. 듣고 말하는 영어가 목표라면서 나이나 주변 환경 때문에 영어책으로 공부해서는 안 된다는 것입니다. 영어를 공부하는 순간 한국나이가 아닌 영어나이가 0살이라고 생각하면 무엇을 해야 할지 알 수 있습니다.

04

알고 들어야 들린다?

이 말 때문에 지금도 열심히 영어단어를 공부하고 있을지 모르겠습니다만 틀린 말입니다.

예를 들어서 제가 '꾸나'라는 지방 사투리를 말했다고 했을 때 여러분은 이 말의 의미를 이미 알고 있어서 들을 수 있는 걸까요? 여러분은 이 단어의 의미를 몰라도 이 말을 듣고, 읽고, 쓰고, 말할 수 있습니다.

즉, 의미를 아는 것과 소리를 듣는 것은 별개라는 것입니다. 물론 의미를 알고 들으면 주변 환경에 의해서 소리가 분명하지 않을 때도 미루어 짐작해서 들을 수는 있습니다. 그러나 정확히 알아들으려면 소리 자체를 명확하게 들을 줄 알아야 합니다.

소리를 듣고 나서 의미를 모르면 물어볼 수 있습니다. "조금 전 꾸나라고 했는데 무슨 의미야?"

TV를 보던 아이가 엄마에게 묻습니다. "엄마 TV에서 경제가 불안하다고 하는데 경제가 뭐예요?" 이처럼 영어도 소리를 들을 줄 아는데 의미를 몰라서 물어볼 수 있어야 진짜 영어를 할 수 있습니다.

05

영어는 속도가 아니라 방향이다

괴테가 남긴 명언이 있습니다. “인생은 속도가 아니라 방향”이라는 것입니다. 그런데 영어교육만큼 속도가 아니라 방향이 중요한 것도 없습니다.

대한민국 모든 사람이 잘못된 방향으로 ‘빨리, 빨리’하면서 속도만 신경 쓰다가 모두 실패하기 때문입니다.

올바른 영어의 방향은 말하기가 아니라 듣기입니다. 이것이 원리인데도 ‘어떻게 하면 빨리할까?’라고 생각하며 속도에만 신경을 쓰다 보니 듣기를 건너뛰어서 바로 말하기에만 집중합니다.

학교, 영어학원, 학습지, 영어선생님, 영어전문가, 부모님, 학생들, 어느 누구도 듣기를 강조하는 사람은 없습니다. 모두가 말하기만 언급합니다.

“이렇게 하면 말을 좔좔할 수 있습니다.” “이대로 하면 1개월이면 말문이 터집니다.”

영어교육은 속도가 아니라 방향입니다. 처음부터 올바른 방향으로 나아가지 않으면 열심히 공부한 다음에 반드시 후회할 수밖에 없습니다.

어디서 어떻게 잘못됐는지도 모른 채 자신을 탓하게 됩니다. 이것은 앞서 영어를 공부한 사람들의 잘못입니다. 이미 실패할 줄 알면서도 똑같이 하도록 권하고 있기 때문입니다.

지금 학교에서 영어를 배우는 아이들은 듣고 말하는 영어를 할 수 없다는 것을 우리 모두는 알고 있습니다.

그럼에도 열심히 하라고 합니다. 영어를 못할까 봐 노심초사하고 학원, 과외 등으로 더 몰아붙입니다. 단지 줄 세우는 가짜 영어를 위해서 말입니다. 심하게 말하면 진짜 인생이 아닌 가짜 인생을 사는 것과 같습니다.

진짜 영어는 누구도 신경 쓰지 않습니다. 그럼에도 우리는 영어교육을 위해서 최선을 다했다고 말합니다.

결국은 영어는 속도가 아니라 방향인데 말입니다.

06

영어에 성공하는 방법이 다양하다?

"아닙니다. 실패방법이 다양할 뿐 영어에 성공하는 방법은 듣고 따라 하는 방법밖에 없습니다."라고 말하면 대부분의 사람은 각자 상황과 성격에 따라서 여러 가지라고 말합니다.

그러면서 영어에 성공하는 유일한 방법은 영어독서라는 어느 유명한 사람의 말을 자랑스럽게 인용합니다.

그러면 글을 못 읽는 사람은 영어도 못하나요? 한글도 영어도 못 읽는 네 살 아이는 한국어도 영어도 못하나요?

그리고 글을 못 읽는 성인도 있는데 그런 사람은 영어를 배울 수 없는 건가요?

확실히 말씀드릴 수 있는 것은 한국어를 배운 방법은 한 가지뿐이라는 것입니다. 듣고 따라 해서 성공했습니다.

여기에서 벗어난 방법으로 한국어에 성공한 한국인은 아무도 없습니다. 성격이나 환경에 따라 달라지지 않았다는 것입니다.

영어를 배울 때도 마찬가지입니다. 각자 성격과 환경이 다를지라도 영어를 배울 때는 하나로 통일을 시켜야만 성공할 수 있습니다. 나에게 맞추는 것이 아니라 내가 맞추는 것이 영어에 성공하는 비결입니다.

지금까지 나온 수많은 방법은 성공하는 방법이 아니라 실패하는 방법이라 할 수 있습니다. 이렇게 해도 안 되니까 다른 방법으로 해보고, 또 다른 방법으로 시도하고 있습니다.

물론 방법이 문제라고 생각한 사람은 영어에 성공한 사람일 확률이 높을 수 있습니다. 그러나 성공한 사람이 말한 방법대로 해서 나도 성공한다고 장담할 수 없습니다. 왜냐하면 성공한 사람 본인도 어떻게 성공했는지 정확히 모르기 때문입니다.

한국인이 한국어를 어떻게 배웠는지 모르는 것과 같습니다. 한국어를 잘하는 친구에게 물어보세요. "너는 한국어를 어떻게 배웠다고 생각하니?" 핵심을 구체적으로 짚어서 설명해줄 친구는 거의 없을 것입니다.

따라서 성공한 사람이 말한다고 해서 그 방법대로 한다면 나는 실패만 하고 끝날 것입니다. 오히려 성공한 사람이 말하는 방법이 아니라 언어를 배우는 원리를 잘 깨닫는 것이 더 중요하다고 할 수 있습니다.

그리고 그 원리를 실천할 수 있는 방법을 참조하는 것이 좋습니다. 원리를 모른 채 방법만 따라 하는 것은 목적지가 없는 배를 타고 항해하는 것과 같습니다.

제가 권하는 한글영어로 할지 말지는 두 번째 고려 사항입니다. 가장 먼저 해야 할 것은 언어영어를 하기 위한 듣기를 할지 학습영어를 하기 위한 읽기를 할지를 정하는 것입니다.

다시 말씀드리지만, 성공하는 방법이 다양한 것이 아니라 실패하는 방법이 다양합니다. 계속 실패하기 때문에 또 다른 방법이 계속해서 나오는 것입니다.

이미 성공했다면 더 이상 또 다른 방법을 생각할 필요가 없습니다. 한국어를 배울 때 성공하는 방법이 확실하기 때문에 다른 방법을 생각할 필요가 없는 것과 마찬가지입니다.

07

형사와 범인의 대화

형사가 범인 A에게 물어봅니다. "공범 B가 그때 너에게 뭐라고 했는지 그대로 말해봐!" 그러자 범인 A가 말합니다. "B가 뭐라고 했는지는 이해했는데 정확히 뭐라고 했는지는 몰라요."

형사가 답답해서 다시 말합니다. "제대로 들었으면 말할 수 있을 거 아니야?" "사실은 못들은 거 아니야?"

그러자 A가 대답합니다. "뭐라고 한지는 안다니까요 다만 뭐라고 했는지 따라서 말할 수는 없어요." "사실을 말했어요. 믿어주세요."

B의 말은 이해했지만 B가 한 말은 따라서 말할 수 없다는 A의 말.

A는 들은 건가요? 못 들은 건가요? 형사라면 들었다고 믿을까요? 못 들었다고 믿을까요?

진짜 들었다면 따라 말할 수 있어야 합니다. 영어듣기가 가능하다고 말하려면, 영어소리를 듣고 따라 할 수 있어야 합니다.

08

왜 이렇게 영어학습법이 많은가요?

새해가 되면 사람들은 영어를 잘하고 싶다는 목표를 세우고 그 목표를 이루기 위해서 새로운 영어학습법을 찾습니다. 그리고 매년 2~3권의 영어베스트셀러가 나와서 또다시 새로운 영어학습법을 주장합니다.

결국 지금까지 수십 종의 영어학습법이 넘쳐나는 것이 사실입니다. 그러다 보니 새롭게 영어를 시작하는 사람의 입장에서는 많이 혼란스러울 수밖에 없습니다.

그래서 영어학습법을 건물을 짓는 것에 비유해서 알기 쉽게 설명해 보겠습니다. 영어학습법은 여러분이 어떤 영어를 목표로 하느냐에 따라서 달라질 수 있습니다.

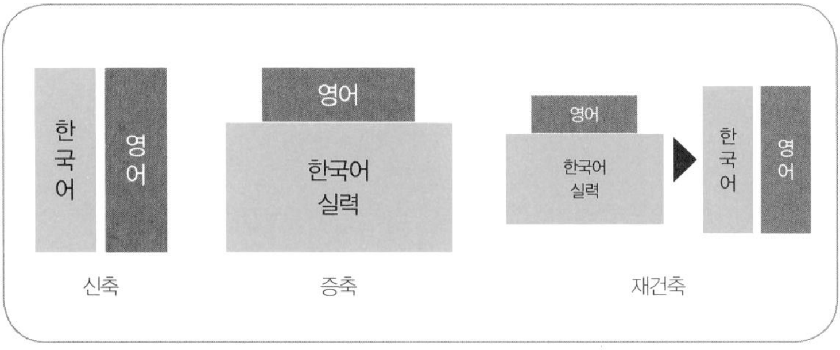

1. 신축

건축에서 신축이란 새로운 자재를 사용해서 새로운 건물을 짓는 것을 말합니다. 이와 같이 영어를 공부할 때의 신축이란 한국어의 개입 없이 오로지 영어를 영어로 배우는 것을 말합니다.

영어의미를 한국어로 알아야 한다는 등의 이론은 여기에 맞지 않습니다. 원어민처럼 말하고 싶다면 한국어의 개입이 없는 신축의 개념으로 영어를 공부해야 합니다.

2. 증축

건축에서 증축이란 이미 세워진 건물 위에 몇 층을 더 짓는 것을 말합니다. 이와 같이 영어를 공부할 때 한국어 실력 위에 영어를 배우는 것을 가리킵니다.

이 방법이 바로 모국어를 잘해야 영어를 잘한다는 방법입니다. 다만 이 방법으로 공부하면 우리말보다 영어를 더 잘하거나 원어민처럼 할 수는 없습니다. 한국어를 통해서 배웠기 때문에 영어를 하려면 한국어를 거쳐야만 가능합니다. 한마디로 "어~, 에~" 하는 한국식 영어라고 할 수 있습니다.

3. 재건축

재건축이란 이미 지어진 건물을 허물고 새롭게 짓는 것을 말합니다. 이와 같이 영어를 공부할 때 기존에 한국식 영어로 배웠던 모든 영어를 포기하고 새롭게 원어민식 영어로 공부하는 것을 의미합니다.

현실에서도 재건축이 쉽지 않은 것처럼 영어공부에서도 재건축 방식은 쉽지 않습니다. 이미 알고 있던 영어문자와 의미를 모르는 것처럼 생각하고 오로지 소리에 집중한다는 것이 마음대로 되지 않기 때문입니다.

그러나 그럼에도 불구하고 진정으로 듣고 말하는 영어를 하고자 한다면 듣기의 완성 없이는 불가능하기 때문에 반드시 고비를 넘기겠다는 강한 의지를 갖춰야 성공할 수 있습니다.

이처럼 세 가지 공부방법이 있기 때문에 자신이 하고자 하는 목표와 생각하는 학습방법이 어떤 영어를 추구하는지 잘 검토한 후 도전해야 열심히 공부한 다음에 후회하지 않습니다.

09

영어듣기가 된다는 느낌

영어를 원어민처럼 하려면 영어듣기가 되어야 한다고 말하는데 그러면 "영어듣기가 될 때 어떤 느낌인가요?"라는 질문을 받게 됩니다.

영어듣기가 되는 느낌을 가장 잘 이해할 수 있는 비유는 영화 〈매트릭스〉에서 날아오는 총알을 피하는 모습과 비슷합니다. 영화에서 날아오는 총알이 마치 슬로우모션처럼 아주 느리게 날아오는 것을 보면서 피하듯이 영어의 소리가 느리게 들려서 무슨 소리인지 아는 것입니다.

위에서 영어소리가 지나가는 것을 내려다본다는 느낌으로 상상해보기 바랍니다. 영어듣기가 완성된 사람은 이런 말까지 하게 됩니다. "영어소리가 귀에 꽂히는 느낌이 든다."고 말입니다.

이러한 상태가 된 다음에 그 소리의 의미가 무엇인지 알려고 노력해야 합니다. 이 순서가 바뀌면 안 됩니다. 너무도 당연한 이야기입니다. 우리가 아무리 한국어의 의미를 잘 알아도 소리를 듣지 못한다면 의미를 어떻게 알 수 있을까요?

10

수능영어 방식을 수천 번 바꿔도 안 된다

우리나라 영어교육을 성공시키고자 하는 마음으로 해마다 수능영어시험 방식을 바꾸고 있지만, 앞으로 수천만 번 바꾼다고 해도 실패할 수밖에 없습니다. 아무리 교수, 박사, 천재가 모여서 수능영어를 바꾼다고 해도 결과는 마찬가지일 것입니다.

왜냐하면 수능영어가 근본적인 해결책이 아니기 때문입니다. 수능영어는 문제의 결과이지 문제의 원인이 아닙니다. 원인이 해결되지 않고는 문제는 그대로 지속될 뿐입니다.

그러면 대한민국의 영어교육을 성공시킬 수 있는 방법은 무엇일까요? 바로 초등영어교육을 개혁하는 것입니다.

잘못된 초등영어교육을 바로 잡지 않고는, 이미 수년 동안 잘못된 영어교육을 받은 학생들을 수능영어로 바꾸기는 쉽지 않기 때문입니다.

그러면 초등영어교육의 문제점이 무엇일까요? 바로 소리교육을 해야 할 시기에 문자교육을 하는 것입니다. 언어의 첫걸음은 소리와 듣기인데 이러한 준비 없이 시작된 문자교육으로 인해서 이미 영어를 언어로 배울 수 있는 능력을 상실하게 됩니다. 이 상태에서는 아무리 좋은 영어 교육 시스템을 도입하더라도 무용지물일 수밖에 없습니다.

물론 현재 교육 중인 선생님들과 관련자들은 이렇게 말할 수 있습니다. 제가 하는 말이 맞지만 현재의 시스템에서는 소리교육과 영어듣기를 할 수 없다는 것입니다. 물론 맞습니다. 그렇다면 소리교육을 효율적으로 할 수 있는 방법을 찾아야 합니다.

제가 제시하는 방법은 한글로 영어를 배우는 방식입니다. 이 방식은 차후 자세히 말씀드리겠습니다. 이 방법으로 한다면 현재 시스템의 큰 변화 없이, 선생님의 증원이나 원어민의 채용 없이도 좋은 성과를 얻을 수 있습니다.

현재 영어교육을 이렇게 구성하면 됩니다. 초등영어는 영어듣기의 완성에, 중등교육은 읽기와 쓰기와 이해에, 고등교육은 말하기와 토론 중심으로 바꿀 수 있습니다. 이런 방식의 기본에는 소리교육과 영어듣기가 있습니다.

우린 모두 '영어듣기'가 된다고 생각한다.
그러나 한국인의 99%는 영어듣기가 안 된다.

이 차이는 듣기의 기준이 잘못되었기 때문이다.
'듣기가 된다'고 말하려면 듣고 이해하기보다 듣고 따라할 수 있어야 한다.

듣기의 기준은 듣고 이해하기가 아니라
듣고 따라할 수 있어야 하는 것이다.

제8장

영어교육의 성공

01

영어듣기가 된 다음에는 무엇을 해야 할까?

영어듣기가 된 다음에는 하고 싶은 영어공부를 다 해도 됩니다. 읽기부터 시작해서 쓰기와 말하기를 위한 학습도 가능합니다.

우선 읽기입니다. 영어듣기가 완성된 다음에는 오디오가 딸린 영어책으로 읽기를 하면 됩니다. 원어민 음성을 들으면서 글자를 본 후, 글자만 보고 들었던 소리를 생각하면서 읽도록 합니다.

말하기입니다. 좋아하는 영상물을 정해서 그 속에 나오는 표현들을 상황과 연관 지어 상상하면서 감정을 살려 암기하도록 노력해야 합니다.

스펠링쓰기는 요령을 알면 누구나 쉽게 해결할 수 있습니다. 영작은 말하기의 연장이라고 생각하면 됩니다.

그리고 듣기가 된 다음에는 자막이 있는 영상물을 보면서 영어자막으로 글자를 알고, 한글자막으로 의미를 알고, 영상을 통해서 상황을 이해하도록 합니다. 이것이 가능한 이유는 소리가 느리게 들려서, 소리를 들으면서 모든 자막과 영상물을 보는 여유가 생기기 때문입니다.

02 듣기만 하면 의미를 모르지 않나요?

당연히 듣기만 하면 의미를 모릅니다. 그러나 의미를 알아도 소리를 듣지 못하면 의미를 알 수 없습니다. 중요한 것은 소리를 듣는 것과 의미를 아는 것은 별개이고, 의미를 알기 전에 소리를 듣는 훈련을 해야만 소리도 듣고 의미도 알 수 있습니다. 하지만 만약 소리를 듣기 전에 의미를 알게 되면 소리를 못 들어서 알고 있는 의미도 무용지물이 된다는 것입니다.

물론 소리와 상관없는 지필영어시험에서는 전혀 문제가 없을 수 있지만, 소리로 하는 의사소통에서는 심각한 문제가 생길 수 있습니다. 그리고 듣기의 완성을 위해 공부할 때 그림 등을 이용하기 때문에 의미를 몰라야 한다고 말하지만 의미를 전혀 모르는 것은 아닙니다.

다만 차이가 있다면 기존의 의미 습득이 단순한 해석이라고 한다면, 그림을 통한 의미 이해는 스스로의 느낌으로 깨닫는다는 것입니다.

이해를 하지 못할까 봐 걱정하기보다 듣지를 못할까 봐 걱정해야 진짜 영어공부를 하는 자세라 할 수 있습니다. 한국 사람의 99%는 영어듣기가 안 되는데도 되는 것으로 착각합니다.

03

파닉스가 발음기호보다 백만 배는 더 어렵다

파닉스를 주장하는 분들은 파닉스는 쉽고 발음기호는 어렵다는 식으로 말합니다. 그러나 알고 보면 파닉스는 어렵고 발음기호는 쉽습니다.

파닉스는 100가지 이상의 발음법칙을 암기해야 하지만 발음기호는 50개의 기호를 암기한 후 조합하는 요령만 깨달으면 끝이기 때문입니다.

파닉스의 문제점은 아무리 법칙을 외워도, 법칙에서 예외인 경우가 있기 때문에, 그 단어가 법칙을 따르지 안 따르는지 모르는 상태에서는 적용하기 어렵다는 것입니다. 즉, 처음 보는 단어는 실제로는 파닉스 예외라고 보고 접근해야만 합니다.

파닉스를 유혹하는 것 중에 하나가 발음기호는 일일이 찾아야 하고 파닉스는 찾지 않아도 된다고 말합니다. 하지만 이것은 달콤한 유혹에 불과할 뿐 반드시 새로운 단어는 아는 사람에게 물어보든 발음기호를 보든, 정확한 발음을 최소한 한 번이라도 알아야만 파닉스로 읽을 수 있습니다. 처음부터 파닉스를 적용할 수는 없습니다.

04

파닉스로는 새로운 단어도 읽을 수 있다?

파닉스를 말하는 사람들은 파닉스를 배우면 처음 보는 단어도 술술 읽을 줄 안다고 주장합니다. 만약 그렇다면 파닉스는 아이들이 아니라 성인이 배워야 한다고 생각합니다.

파닉스를 배워서 새로운 단어를 읽을 수 있다면, 의미를 몰라도 타임지나 헤럴드지 등 영자신문을 하루아침에 줄줄 읽을 수 있기 때문입니다.

그런데 반대입니다.

파닉스를 배운 학생들의 70~80%가 중·고등학교에서 배우는 영어단어를 읽지 못합니다. 대부분의 학생들은 영어학원에 다니고 있고, 거의 모든 학원에서 가장 먼저 배우는 것이 파닉스일 텐데도 결과가 이렇습니다.

그 이유는 파닉스로 새로운 단어를 읽을 수 없기 때문입니다. 전자사전을 듣고 발음을 알려면 미리 듣기 훈련을 통해서 듣기가 완성된 사람만 가능합니다. 듣기도 안 되는데 전자사전의 발음을 듣고 발음을 배운다는 것은 거의 불가능한 일입니다.

05

영어 8품사를 암기하는 방법

학습영어로 영어를 배울 때는 각각의 용어를 아는 것이 중요합니다. 명사, 명사구, 명사절, 형용사, 형용사구 형용사절, 명사로 쓰인 to부정사, 명사로 쓰인 동명사 등이 그렇습니다. 이들 용어의 가장 기본이 되는 것이 있으니 바로8품사입니다.

그런데 수년 동안 영어를 배운 사람도 막상8품사에 무엇이 있는지 이야기해 보라고 하면 정확히8개를 말하기는 쉽지 않습니다. 그래서 영어의 8품사를 평생 외울 수 있는 방법을 알려드립니다.

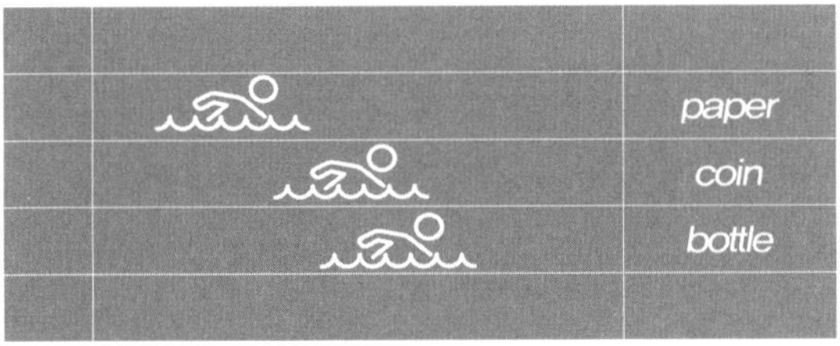

"동전부대가 접형을~, 감명이다"
(동사, 전치사, 부사, 대명사, 접속사, 형용사, 감탄사, 명사)

06

영어문법의 기초 문장 5형식

영어문법의 기초는 문장 5형식입니다. 혹자는 문장 5형식은 일본식 문법이라고도 하지만, 제가 볼 때는 영어란 틀과 형식의 언어이기 때문에 문장 5형식을 아는 것이 중요합니다. 물론 이것은 학교시험 등 학습으로서 영어를 배울 때를 말합니다.

문장 5형식을 배울 때 주의할 점은 처음부터 세세한 공부는 지양해야 한다는 것입니다. 제가 말하는 문장 5형식은 다음만 머리에 새기는 것을 의미합니다.

문장의 5형식

1형식 문장 S + V + M : S는 V한다.

2형식 문장 S + V + C + M : S는 C이다.

3형식 문장 S + V + O + M : S는 O를 V한다.

4형식 문장 S + V + IO + DO + M : S는 IO에게 DO를 V한다.

5형식 문장 S + V + O + OC + M : S는 O를 OC하게 V한다.

물어보면 바로 답이 나올 수 있도록 암기해야 합니다.

1형식은? 1형식은 에스는 브이한다.

2형식은? 2형식은 에스는 씨이다.

3형식은? 3형식은 에스는 오를 브이한다.

4형식은? 4형식은 에스는 아이오에게 디오를 브이한다.

5형식은? 5형식은 에스는 오를 오시하게 브이한다.

07

대한민국 영어는 노래방 영어

노래방에서 노래를 잘 부른다고 노래방이 아닌 곳에서 노래를 잘 부를 수 있다고 장담할 수 없습니다. 노래방에서는 가사가 제공되기 때문에 가사를 몰라도 부를 수 있지만 노래방 밖에서는 가사가 제공되지 않기 때문에 가사를 모르면 노래를 부를 수 없습니다.

대한민국 영어가 딱 노래방에서 노래 부르기와 같습니다. 영어책을 읽을 때는 원어민 발음으로 읽을 줄 알던 사람도 막상 외국인과 만나면 꿀 먹은 벙어리가 됩니다.

우리는 영어를 언어로 배울 때 가장 중요한 것은 놓치고 외형적인 것에만 너무 신경 쓴 것은 아닌가 싶습니다. 영어를 못하는 것을 덜 부끄럽게 생각하고 오히려 발음이 나쁜 것을 부끄럽게 생각합니다.

예전 SBS에서 방송한 '도전천곡'이란 노래 대결 프로그램의 가장 중요한 규칙은 음정, 박자 상관없이 1절 가사를 정확하게 부르기입니다.

이러한 규칙을 영어교육에 적용한다면 영어공부를 하는 사람은 모두 영어에 성공할 수 있습니다.

08

기존의 소리영어 학습법이 실패한 이유

소리영어로 했는데 실패했다고 해서 소리영어 자체가 잘못된 것은 아닙니다. 영어소리를 들으며 영어를 배워야 하는 것은 맞지만 적용하는 데 있어서 간과한 부분이 있기 때문에 실패한 것입니다.

1. 소리영어를 시작하는 사람의 수준

소리영어를 이제 막 시작하는 사람들의 수준이 제각각입니다. 단순히 영어소리를 열심히 들으라고 해서는 안 되는 이유입니다. 가장 최적의 상태는 영어문자와 의미를 배우지 않은 상태입니다. 그리고 영어문자와 의미를 알면 알수록 어려워지게 됩니다. 이미 알고 있다면 잊으려고 하면서 공부했어야 성공할 수 있습니다.

2. 소리영어를 할 수 있는 최적의 교재

소리영어를 표방하는 곳에서는 되도록 영어문자를 보면 안 된다고 말하지만 학습자는 답답한 마음에 영어문자를 보게 됩니다. 그렇다고 영어문자를 볼 수 없도록 영어문자를 아예 제공하지 않는 것도 어렵습니다.

학습자의 상태를 구분하지 않은 점과 교재의 불완전함 때문에 실패한 것이지 소리영어 자체가 문제는 아닙니다.

09

말할 수 있는 만큼 들린다?

말하기를 강조하는 사람들은 "내가 말할 수 있는 만큼 들린다."고 하면서 말하기가 듣기보다 먼저라는 취지의 말을 하는 것을 보게 됩니다.

그러나 이는 사실이 아닙니다.

우선 모국어를 배운 과정을 생각해보세요. 아이는 '엄마'를 말할 줄 아니까 '엄마'를 들은 건가요? 아닙니다. "엄마 해봐 엄마"란 소리를 수만 번 듣고 나서야 말하게 된 것입니다. '아빠'도 마찬가지입니다. 수천 번의 "아빠 해봐 아빠"를 듣고 나서 말하게 됩니다.

다시 말해서 모국어는 말할 수 있는 만큼 들린다가 아니라 들은 만큼 말한다는 것을 알 수 있습니다. 이렇게 말하면 모국어는 많이 들었으니까 그렇다고 말하는 사람이 있습니다.

그렇다면 영어도 많이 들으면 됩니다. 그런데 많이 들으라고 하지는 않고, 말한 만큼 들린다는 전혀 엉뚱한 공부방법을 제시하고 있다는 것입니다. 애초에 들리지 않는 말을 어떻게 따라 말할 수 있나요?

10

다개국어 현실적으로 가능한가요?

요즈음 영어뿐만 아니라 중국어를 추가하고 여기에 일본어나 스페인어 등을 더해서 다개국어에 도전하는 경우가 있습니다. 물론 가능할 수도 있습니다.

단, 부모님이 성공을 장담하는 명확한 외국어학습법을 알고 있느냐에 달려 있습니다. 모르는 상태에서 누군가의 말만 듣고 따라 한다면 아이는 하나의 외국어도 어려운데 여러 가지 외국어를 하면서 스트레스만 받고 나중에 결과가 초라해질 수 있기 때문입니다.

누군가 왜 이런 방법으로 외국어를 가르치는지 물어봤을 때 부모님이 논리적으로 설명할 수 있을 정도로 정확히 알고 시작한다면, 다개국어는 충분히 가능합니다.

외국에서 살다온 아이들 중에는 2개 국어, 3개 국어를 아무렇지도 않게 쓰는 경우가 있습니다. 그래서 불가능한 것만은 아닙니다. 다만 대단한 노력이 필요합니다.

그리고 노력보다 더 중요한 것은 다개국어를 성공시킬 노하우를 알고 있고, 끈기가 있어야 합니다.

만약 노하우에 대한 확신이 100%가 아니라 조금 부족한 80% 정도라면 다개국어에 도전하기보다 어느 한 외국어에 집중해서 성공하는 경험을 하는 것이 중요합니다.

하나의 외국어를 성공시킨다면 그다음부터는 어떻게 지도할지 방법에 대한 고민이 필요하지 않기 때문에 1차 외국어교육보다 2차 외국어교육 때는 훨씬 더 쉽게 성공할 수 있습니다.

2개 외국어를 할 때, 2년 걸려서 성공할 수 있다고 가정했을 때, 만약에 확신이 부족하다면, 하나의 외국어에 집중해서 우선 1년 안에 하나를 확실하게 성공시켜야 합니다. 그리고 남은 1년 동안 나머지 언어에 집중해서 공부하면 됩니다.

반면에 2년 동안 2개의 외국어를 성공시킬 계획이었지만 1년 만에 그만둔다면 어느 하나도 성공할 수 없습니다.

다개국어는 노하우와 끈기와 시간이 필요합니다.

엄마표영어의 목표는 영어듣기의 완성에 있다.

영어듣기만 완성되면 수많은 영상물속의 원어민을
영어선생님으로 모시고 스스로 배울 수 있게 된다.

그것도 무료로.

제9장

영어교육의 환경

01

어린이와 성인의 활성화 두뇌 부위가 다르다?

영어를 사용할 때, 어릴 때 영어를 배운 아이들의 활성화되는 부위와 성인이 돼서 영어를 배운 사람의 활성화되는 두뇌의 부위가 다르다고 합니다.

어릴 때 배우면 모국어와 같은 부위가 활성화되지만, 성인이 돼서 배우면 다른 부위가 활성화된다고 합니다.

그러면 성인이 돼서 배워도 모국어 부위가 활성화되는 방법은 없는 것일까요?

정답은 '있습니다'입니다. 바로 어린이처럼 배우면 됩니다. 어릴 때 영어를 배웠기 때문에 모국어 부위가 활성화된 것이 아니라 문자가 아닌 소리로 배울 수밖에 없었기 때문에 모국어 부위가 활성화된 것입니다.

똑같은 여섯 살 아이가 어떻게 배우느냐에 따라서 활성화되는 뇌의 부위가 달라질 수 있습니다. 성인이 되어서 글자를 안다고 해도 아이들처럼 문자가 아닌 소리로 배우면, 어린이처럼 모국어 부위가 활성화돼서 원어민처럼 영어를 사용할 수 있습니다.

02

영어학원비 1년 치 절약하기

어쩔 수 없는 환경에서 언어영어가 아닌 학습영어를 해야 하고 영어학원에 보내야 한다면 다음의 것만 가르쳐 보내면 적어도 1년 치 영어학원비는 절약할 수 있습니다.

1. 알파벳 가르치기

한글영어 출판사에서 나온《기적의 영어 알파벳》이면 알파벳을 떼는 데 걱정 없습니다. 직접 학원을 운영하면서 알파벳을 어려워하는 아이들의 문제를 파악한 후 만든 교재입니다.

2. 발음기호 가르치기

파닉스를 가르치기 전에 발음기호를 완벽하게 가르쳐서 이를 활용할 수 있도록 해주면 됩니다. 그 이후 파닉스 중에서 많이 쓰이는 다음 7가지를 가르칩니다. oo [우], er [어], ee [이], ch [취], sh [쉬], th [ㄷ, ㅆ] ng [ㅇ]

3. 스펠링 암기

요령을 모르면 스펠링 암기에 어려움이 있는 경우 단어시험에서 좋지 않은 성적을 거두게 되고 이 때문에 영어를 싫어하게 됩니다.『파닉스가 아니라 발음기호가 정답이다』를 참조하면 쉽게 해결됩니다.

03

영어를 잘하면 영어를 쓸 일이 생긴다

대한민국은 영어가 필요 없는 환경이 아니라, 영어가 안 돼서 기회를 만들지 못합니다.

한동안 가지고 있던 자동차를 일 때문에 다른 사람에게 빌려 주었습니다. 물론 보험도 가입했습니다. 그래서 주말에 어디에 다닐 때도 버스를 이용했고 별 불편 없이 생활했습니다. 그러다 차를 다시 돌려받았습니다. 그랬더니 바로 차를 꼭 써야 하는 상황이 발생합니다.

그러면서 이런 생각이 들었습니다. '없을 때는 전혀 필요한 상황이 발생하지 않았는데 가지고 있으니 필요한 상황이 왜 계속 발생할까?'

결론은 있으면 필요한 상황을 만든다는 것입니다.

영어도 마찬가지인 것 같습니다. 영어를 쓸 환경이 없는 것이 아니라 영어를 못하기 때문에 필요한 상황이 만들어지지 않을 뿐입니다. 만약 영어를 할 줄 안다면 영어가 필요한 상황이 계속해서 만들어질 것입니다.

우리가 영어를 잘한다면 지금보다 더 많은 외국인이 한국에 방문할 것이고 더 많은 것을 수출할 수도 있고 더 많은 인재들이 세계로 뻗어나갈 수 있을 것입니다.

계속해서 우리 스스로 영어를 쓸 환경을 만들어내게 된다는 것입니다. 그래서 "한국은 영어를 배워도 써먹을 데가 없다."가 아니라 우선은 영어를 할 줄 알아야 한다는 것입니다.

물론 시험용 영어가 아니라 의사소통이 가능한 영어를 잘해야 함은 두 말할 필요도 없습니다.

04

영어읽기로 성공한 사람은 외계인

제가 "영어듣기를 완성해야만 진정한 원어민 영어를 할 수 있습니다."라고 말하면 이렇게 말하는 분들이 종종 있습니다.

"영어읽기를 통해서 성공한 사람도 있는데요?"

만약 그런 사람이 있다면 그런 사람은 두 가지 중에 하나입니다. 외계인이거나 거짓말쟁이입니다.

왜냐하면 영어읽기를 통해서 절대로 언어영어를 완성할 수 없습니다. 언어영어란 소리로 이루어지는 의사소통의 영어인데 어떻게 문자영어로 소리영어를 성공할 수 있다는 것인가요?

이는 마친 한글가사만 있으면 가수의 노래 없이도 가수처럼 노래할 수 있다고 말하는 것과 같습니다. 물론 여기서는 악보도 없는 것을 말합니다. 영어문장에도 악센트나 리듬이 표현되어 있지 않기 때문입니다.

그리고 대부분 성공한 사람들은 자신의 과거를 잊어버리고, 자기 자신을 과장하는 경향이 있습니다.

05

영어단어 스펠링 암기 방법

영어단어의 스펠링 암기는 요령을 안다면 금방 터득할 수 있습니다. 그렇지만 이 요령을 모르면 정말 시간낭비와 함께 영어를 포기하게 만드는 요인이 됩니다.

영어 스펠링을 암기하는 요령은 다음과 같습니다.

우선 쓰고자 하는 영어단어의 발음을 한글로 씁니다. 그리고 첫 한글에 맞는 알파벳을 생각해서 쓰고 차례대로 이런 과정으로 쓴 후 정답과 맞춰보는 식으로 하면 됩니다.

예를 들어서 '스텝'을 쓰라고 하면 ㅅ, ㅌ, ㅔ, ㅂ에 해당하는 알파벳 s, t, e, b을 쓰고 이를 조합합니다. 그리고 틀린 부분을 수정한 후 한두 번 써보면 그다음부터는 틀리지 않습니다.

이때 주의할 점은 '아까 뭐라고 썼지?'라고 생각하지 않는 것입니다. 생각할 것은 '이 한글에 맞는 알파벳이 뭘까?'입니다. 그러다 보면 어느 순간 한글로 쓰거나 따로 생각하지 않았는데도 영어 스펠링을 쓸 수 있게 됩니다. 우리가 한글을 쓰는 원리와 똑같습니다.

06

영어를 할 수 있는 것과 잘하는 것은 다르다

우리는 영어를 배우자마자 잘할 수 있기를 바랍니다. 그러다 보니 미국이나 영국의 문화를 잘 알아야 한다거나 어려운 관용어 등을 잘 알아야 한다고 생각합니다. 또는 영어를 잘하기 위해서는 책을 많이 읽어야 한다고도 말합니다.

그러나 지금 한국인에게 필요한 영어는 잘하는 영어가 아니라 할 수 있는 영어입니다.

쉽게 말해서 이제 막 말문이 터진 아이를 보고 말을 잘한다고 할 수 없지만 이제 말을 할 수 있게 되었다고 생각할 수 있습니다. 한국인에게 당장 필요한 영어는 바로 이러한 수준입니다.

이 수준을 뛰어넘어서 진짜 영어를 잘하기 위해서는 많은 독서나 문화에 대한 공부도 필요합니다.

그러면 영어를 할 수 있는 방법에는 무엇이 있을까요? 한 가지만 생각하면 됩니다. 바로 영어듣기의 완성입니다. 영어듣기가 완성되어서 듣고 따라 하면서 들리는 소리를 모방하다 보면 말문이 터지게 되어 있습니다.

07 프리토킹은 진짜 영어실력이 아니다

제가 상담을 하다 보면 종종 이렇게 말씀하는 분들이 계십니다. "제가 어느 정도는 프리토킹이 되는데요." 진짜 프리토킹이 될 정도면 왜 또다시 새로운 영어학습법을 찾아서 헤매는 것일까요?

저는 프리토킹을 기준으로 그분의 영어실력을 평가하지 않습니다. 예전에 캐나다에 이민가신 지 14년 된 분의 전화를 받았습니다. 그분은 "말이 되기는 하는데 매끄럽지가 않다."면서 전화를 주셨습니다.

그래서 제가 물어봤습니다. "그러면 원어민이 말하는 것을 그대로 듣고 따라 할 수 있으세요?" 그랬더니 그것은 안 된다고 하십니다.

이분의 문제는 매끄럽지 않은 말하기가 아니라 듣기가 안 되다는 것입니다. 그런데 본인은 이러한 사실을 잘 수긍하지 않습니다. 그렇다면 이분은 평생 자신의 영어문제를 해결할 수 없을 것입니다.

누군가 "자신은 프리토킹이 된다."라고 말하면 이렇게 한번 물어보시기 바랍니다. "듣고 따라 하기가 가능하세요?"

08

1만 시간의 법칙이 무시되는 영어교육

올바른 방법일 때에만 효과와 성공을 말할 수 있습니다. 우리나라 영어교육 현장에서는 1만 시간의 법칙을 말하면서 부족한 교육시간을 실패의 원인으로 돌리지만 이러한 생각은 문제해결에 전혀 도움이 되지 않습니다.

왜냐하면 대한민국의 영어교육 문제는 부족한 시간이라기보다 잘못된 순서의 영어교육이기 때문입니다.

2만 시간이 아닌 10만 시간을 해도 영어실력은 제자리일 수밖에 없는 게 현실입니다. 왜냐하면 시스템과 목표와 과정이 잘못되었기 때문입니다. 이런 현실에서는 아무리 시간을 늘려도 소용없습니다.

똑같은 1리터라도 질이 다르면 가치도 달라집니다. 커피 1리터와 콜라 1리터, 같은 1리터라고 같은 가치를 담아내지 않습니다.

똑같은 1만 시간의 영어교육이라고 하더라도 지금의 시스템으로는 안 되지만 한글영어에서 말하는 소리와 문자를 완전 분리해서 영어듣기부터 완성하는 시스템으로 바꾸면 충분히 가능합니다.

09

영어교육시장은 레드오션? 블루오션?

지금의 영어교육시장은 레드오션이라고 말합니다. 맞는 말입니다. 그런데 정확히는 실패하는 방법의 레드오션이라 할 수 있습니다. 날마다 새로운 영어학습법의 등장은 진정한 영어학습법이 없다는 말과도 같습니다.

우리는 흔히 이런 말을 합니다. "영어공부 10년을 해도 외국인을 만나면 꿀 먹은 벙어리가 된다." 다시 말해서 지금까지 나온 영어교육상품으로는 이 문제를 해결하기 어렵다는 것입니다. 따라서 성공을 담보하는 진정한 영어교육시장은 열리지도 않았다는 것과 같습니다.

만약 영어공부에 도전한 누구나 성공할 수 있는 방법을 개발한다면 이것이야말로 진정한 블루오션을 개척하는 것과 같다고 할 수 있습니다.

저는 블루오션의 해답은 한글로 배우는 영어인 한글영어에 있다고 자신있게 말씀드립니다. 자랑스러운 우리글인 한글에는 또 하나의 가능성이 숨어 있고 세계화에 있어서 한글의 가능성을 펼칠 때가 바로 지금이 아닌가 싶습니다.

10

영어에 성공한 사람 때문에 실패하는 이유

얼마 전에 누군가 영어를 정말 못했는데 영화를 봐서 성공했다며 책을 냈고, 이 책이 베스트셀러가 된 적이 있습니다. 그리고 독자들은 이렇게 말합니다.

"이렇게 영어를 못하던 사람도 성공했는데, 나는 이 사람보다 지금 더 잘하는 수준이니 지금부터 이 사람이 말하는 대로 하면 나는 더 확실하게 성공하겠구나."

물론 저자도 이런 독자들의 반응을 거듭니다. 저는 영어를 전혀 못했는데도 이 방법으로 하니까 영어에 성공했습니다. 여러분은 저보다 영어를 더 잘할 테니 이 방법으로 한다면 분명히 성공할 수 있습니다.

저자나 독자 모두 저자가 성공한 근본적인 이유에 대해서 오해하고 있습니다. 저자는 정말 영어를 못했는데도 성공한 것이 아니라 정말로 못했기 때문에 성공했다는 것입니다.

다른 사람들도 저자처럼 성공하려면 저자처럼 정말 영어를 못하거나 못하려고 노력해야 한다는 것입니다. 이런 점을 모르고 있기 때문에 실패할 수밖에 없습니다.

저자가 성공한 요인이 있습니다. 영어를 전혀 몰랐기 때문에 영어소리를 들을 때 아무 생각 없이 듣게 됩니다. 따라서 그 소리가 100% 귀에 꽂히듯이 들리지만, 이미 영어를 아는 사람은 본인도 모르게 반쯤은 영어 문자와 의미를 생각하면서 듣기 때문에 소리에 100% 집중하는 것이 불가능합니다.

영어를 모르고 듣는 것과 알고 듣는 것의 차이를 알고 싶다면, 전혀 모르는 중국어나 프랑스어 등을 들어보면 알 수 있습니다. 전혀 모르는 중국어를 들으면 아무 생각이 없어서 들을 때 매우 편하게 소리에만 집중하게 됩니다. 하지만 알고 듣는 영어는 무슨 소리인지 의미를 파악하려다 보니 매우 고민스러운 표정으로 듣게 됩니다.

따라서 저자는 본인의 방법이 유효하기를 바란다면 이렇게 말했어야 합니다.

"저는 영어를 몰랐기 때문에 성공했습니다. 여러분도 영어를 모른다고 생각하고 해보시기 바랍니다."

모국어를 잘 하면 영어를 가르치겠다는 것은
지금 내가 가르치기 힘드니, 커서 스스로 배우라는 핑계이다.
듣고 말하는 영어는 오로지 엄마표, 아빠표로만 가능하다.

제10장

영어교육의 실천

01

엄마표 영어의 목표는 영어듣기

대부분의 엄마표 영어를 하시는 분들은 아이가 영어로 "솰라 솰라~"할 수 있도록 영어말하기를 목표로 진행합니다. 그러나 현실적으로 영어말하기를 목표로 한 엄마표 영어는 어렵습니다. 물론 엄마가 원어민 수준으로 영어를 잘한다면 문제가 없습니다.

그렇지 않고 엄마가 자유롭게 영어를 구사하지 못하거나 영어를 전혀 모르는 경우에는 영어듣기에 목표를 두면 됩니다. 영어듣기를 목표로 한 엄마표 영어를 위해서는 굳이 부모님이 영어를 새롭게 공부할 필요가 없습니다. 의미를 알 필요도 글자를 쓸 필요도 없습니다.

아이는 엄마가 읽어주는 것을 잘 듣고, 따라 하고, 암기할 수만 있으면 됩니다. 엄마가 가르치는 내용을 암기하면 좋지만 꼭 그렇게까지 하지 않아도 됩니다.

엄마표 영어는 아이가 영어듣기를 완성해서 영화나 애니를 따라 할 수 있으면 역할이 끝난 것입니다. 그 이후에는 본인이 좋아하는 영화의 주인공이 아이의 영어선생님이 되는 것입니다. 영어듣기가 되면 수백 명의 유명한 원어민 선생님을 무료로 모실 수 있습니다.

02

영어 몰입교육을 위한 조건

예전에 공교육에서 영어 몰입교육을 시행하려고 준비했다가 못한 적이 있습니다. 물론 시행했더라도 실패로 끝났을 것이 자명합니다.

왜냐하면 영어 몰입교육에 성공하려면 반드시 한 가지 조건을 갖추고 있어야 하기 때문입니다. 바로 학생들이 영어듣기가 되어야 한다는 것입니다.

영어듣기가 안 된 상태에서 영어 몰입교육을 하면, 머릿속에는 수없이 들리는 영어소리 중에서 한두 단어를 알아듣고, 한국어로 생각하는 일들이 일어나게 됩니다. 말로만 영어몰입이지 머릿속은 한국어로 가득합니다.

마치 이런 것과 같습니다. "영어수업시간에는 영어로만 말하고 한국어로 말하면 벌금을 내자." 이렇게 하면 뭔가 영어를 더 열심히 하는 것처럼 보이지만 실상 따져보면 그렇지 않습니다. 겉으로는 영어만 쓰지만 머릿속에서는 여전히 한국어로 바쁘게 이해하고 있습니다.

그러나 영어듣기가 완성된 상태에서 영어몰입교육을 하면, 하면 할수록 교육효과를 제대로 낼 수 있습니다.

03

영단어학습기의 활용 방법

많은 사람이 영단어학습기를 통해서 영어를 공부하고자 합니다. 그리고 수시로 나오는 광고 때문에 관심을 가지는 것은 너무도 당연합니다.

그런데 이러한 영단어학습기의 가장 중요한 효과를 놓치고 전체 기능의 10%도 제대로 활용하지 못한다고 할 수 있습니다.

영단어학습기에는 단어의 철자와 의미(이미지)와 소리가 있습니다. 이 중에서 가장 중요한 것이 소리인데도 대부분은 철자와 의미(이미지)만 활용한다는 것입니다. 제가 사용자에게 학습기를 이용할 때 어디에 가장 먼저 반응하는지 물어봤습니다.

대부분 그림이나 영어글자라고 답합니다. 이렇게 되면 소리를 들을 수 없게 됩니다. 가장 중요한 것이 소리인데도 말입니다.

영단어학습기를 제대로 활용하기 위해서는 영어듣기를 완성한 후 이용하는 것이 좋습니다. 그래야만 소리를 들으면서 이미지와 철자를 다 활용할 수 있기 때문입니다.

04

성인이 시작한다면 말리고 싶다

영어교육에 대해서 상담전화가 오면 이렇게 물어봅니다. “누가 하실 건가요? 성인인가요? 어린이인가요?” 만약 성인이 공부한다고 하면 이렇게 말씀드립니다. “각오하고 시작하셔야 합니다.”

그러면 대부분은 “왜요?”라면서 놀란 반응을 보입니다. 이제까지 말씀드린 것처럼 이미 문자와 의미를 아는 상태에서 원어민처럼 하는 영어를 위해 새롭게 영어듣기를 한다는 것이 쉽지 않기 때문입니다.

이제까지는 “열심히 하면 성공합니다.”는 말만 듣다가 저와 상담한 분들은 “그럼 성인은 하지 말라는 소린가요?”라고 화를 내기도 하지만 진실을 알고 있어야 합니다.

성인은 열심히 해도 성공하기 어렵습니다. 문자와 의미를 떠올리지 않도록 노력하면서 들어야 하는데 이미 몸에 밴 습관이 쉽게 바뀌지 않습니다. 그래서 어렵습니다.

이제까지 3개월이나 100일이면 영어가 된다고 하는 것들은 상술에 불과할 뿐 그런 일은 일어나지 않습니다.

05

동물원 원숭이도 아는 언어를 배우는 방법

영화 〈혹성탈출 종의 전쟁〉을 보면 시저는 인간의 말을 잘합니다. 우리는 당연하게 보던 장면입니다만 이런 시저도 말할 수 있는 것에 대해서 대단한 흥미를 느끼는 장면을 보여줍니다.

시저가 누군가를 쫓는 과정에서 동물원에서 도망쳐 나온 원숭이를 만납니다. 그런데 이 원숭이가 시저처럼 인간의 말을 잘하는 것입니다.

그래서 시저가 물어봅니다. "어떻게 말하는 법을...?" 그러자 동물원 원숭이가 "인간의 말을 듣고서..."라고 대답합니다. 그러면서 인간이 말하는 행동과 감정을 실어서 많이 듣던 말을 흉내 냅니다. "나쁜 원숭이!"

동물원 원숭이도 할 수 있는 일을 한국인은 믿지 못해서 실천하지 못합니다. 한국어는 들어서 배웠지만 영어만큼은 읽고 쓰고 문법을 알아야 할 것만 같습니다.

그러나 언어를 배우는 유일한 길은 동물원 원숭이가 했던 것처럼 들어서 모방하는 것입니다.

06

영어 문법교육에 매달리는 이유

솔직히 말해서 영어수업에서 가르칠 것이 없기 때문입니다. 계속해서 영어단어만 가르칠 수도 없고, 그렇다고 듣기를 시키자니 막막하고, 말하기는 엄두가 안 납니다. 그나마 영어수업 시간을 영어스럽게 만드는 것은 영어문법이기 때문입니다.

우리 모두는 한국어문법을 모르는 상태에서 말문이 터졌고, 미국인도 영어문법을 모르는 상태에서 영어말문이 터졌습니다. 누구나 인정하는 것입니다.

결국 말문이 터지는 데 있어서 꼭 문법을 알아야 하는 것은 아니라는 것입니다. 그것은 한국인이 영어를 외국어로 배울 때도 똑같이 적용되어야 합니다. 이러한 상황임에도 영어문법교육을 계속하는 이유는 우열을 가려야 하는 영어시험 때문이기도 하고, 해도 해도 모르는 문법이야말로 영어수업을 하는 데 최적의 도구이기 때문입니다.

다시 말하지만 문법으로는 말할 수 없습니다. 문법으로 말할 수 있다고 생각한다면 그것은 한국식 영어입니다.

07

눈 뜨고 하는 기도와 눈 감고 하는 기도

문자교육을 병행하는 영어듣기와 문자교육을 배제한 영어듣기를 비유하면 눈 뜬 기도와 눈 감은 기도라 할 수 있습니다.

눈 뜨고 기도해 보면 집중이 잘 안 됩니다. 눈으로 들어오는 시각정보가 너무도 많기 때문입니다. 반대로 눈을 감고 기도하면 집중이 잘 됩니다. 눈으로 들어오는 시각정보가 하나도 없기 때문입니다.

영어듣기가 이와 같습니다.

알파벳, 파닉스와 같은 문자교육을 하면서 영어듣기를 하면 정말 힘듭니다. 물론 아직까지도 대부분의 사람들은 글자를 본 다음 듣기를 하면 더 도움이 되는 것처럼 착각하지만 오히려 그 반대라는 것입니다.

성인들이 듣기가 안 되는 이유는 글자를 알아서, 즉 눈 뜬 기도를 하려고 하기 때문입니다.

반대로 어린아이들이 언어를 잘 배우는 것은 문자교육을 받지 않아서 마치 눈 감고 기도하는 것처럼 소리에 집중해서 잘 듣기 때문입니다.

기도에 집중하려면 눈을 감으면 됩니다. 방법이 아주 단순합니다.

영어듣기와 영어말하기를 잘하기 위해서는 영어문자를 안 가르치면 됩니다. 방법은 아주 단순합니다. 열심히 가르치라는 것이 아니라, 가르치지 않으면 됩니다. 그러나 대한민국에서는 오히려 이것이 더 어려운 것 같습니다.

문자에 눈이 떠지는 순간 글자에 눈이 가서 청각이 제구실을 할 수 없습니다. 이것은 물리적인 소리와 빛의 속도를 생각해봐도 맞는 말입니다.

아직 문자교육을 받지 않은 아이들은 영어를 제대로 배울 수 있는 조건을 가지고 있습니다. 이미 배운 아이들은 하루라도 빨리 문자교육을 중단하고 소리교육에 집중해야만 지금 열심히 교육한 열매가 나중에 잘 맺힙니다.

물론 영어듣기가 완성된 다음에는 영어글자를 보면서 듣는 것이 도움이 됩니다.

08 잘못된 미국드라마 또는 영화 활용법

미드라고 해서 미국드라마를 활용한 영어공부가 유행인 것 같습니다. 영상물을 이용해서 영어를 공부한다는 것은 바람직한 일인 것 같습니다.

다만 문제는 잘못된 미드의 활용법 때문에 오히려 영어공부에 방해가 되기도 한다는 점입니다. 포털에서 '미드 영어공부법'이라고 검색하면 대부분 이렇게 하라고 나오는 내용이 있습니다.

"우선 무자막으로 영화를 보세요. 다음에 스크립트를 보면서 다시 영화를 보세요. 마지막으로 다시 한번 무자막으로 보세요. 왜냐하면 무조건 무자막으로 보면 안 들려서 쉽게 포기할 수 있기 때문입니다."

이는 정말 잘못된 미드 영어공부법입니다. 한 번이라도 영어문자를 본 다음에 들으면 더 이상 듣기를 한다고 말할 수 없습니다. 어렵더라도 자막을 안 보고 들릴 때까지 들으려는 노력과 끈기가 필요합니다.

해설지를 본 다음의 해석은 해석이 아닌 것처럼 영어지문을 본 다음의 듣기는 더 이상 듣기가 아닙니다.

09

제2차 세계대전 당시 미군의 외국어학습법

제2차 세계대전 당시 미국은 외국에서의 첩보활동을 위해 현지 언어를 할 수 있는 미군을 양성하는 일이 필요했습니다. 그럼 미군이 현지 언어에 능통한 미국 병사를 양성하는 데 사용한 방법은 무엇이었을까요? 얼마 전 TV에서 이에 대한 내용을 자세히 알려주는 프로그램이 있었습니다.

양성기관의 프로그램을 설명하는 중에 반복되는 단어가 있었는데 바로 '듣기'였습니다. 듣고 말하는 기술로 유명했고, 회화와 청취에 집중하면서 말하기와 듣기 시간이 많았다고 합니다.

물론 하루 공부시간이 20시간, 2대 1 교육이란 집중교육도 성공의 요인이라 할 수 있지만, 미군은 듣는 연습과 함께 단어를 암기해서 정확히 말할 때까지 연습했다고 합니다.

1분 영상에서 듣기에 대한 이야기는 5~6번 등장합니다. 그만큼 듣기의 중요성을 제대로 인식했다는 것입니다. 그러나 우리나라의 영어프로그램은 듣기가 아닌 말하기 중심으로 되어 있습니다. 그러나 영어듣기가 안 되면 영어말하기는 절대로 안 됩니다.

10

화상영어는 말하기가 아닌 듣기 훈련용

화상영어를 하는 사람들은 수업시간에 본인이 더 많은 말을 하면 수업을 잘했다고 생각하고 더욱더 많은 말을 하려고 전날부터 말할 내용을 찾아 영작까지 하면서 준비합니다.

이렇게 화상영어를 활용하는 것도 좋지만 화상영어를 가장 잘 이용하는 방법은 영어듣기에 집중하는 것입니다. 많은 사람이 듣기를 위한 화상영어는 낭비라고 생각합니다.

그러나 화상영어 선생님이 말하고 학생이 따라 하도록 하고 못 따라 하면 다시 한번 선생님이 읽어주고 학생이 다시금 따라 하도록 하는 일명 '앵무새화상영어'는 최적의 화상영어학습법이라 할 수 있습니다.

우리는 모국어를 바로 이러한 앵무새화상영어처럼 배웠습니다. 엄마라고 말할 때까지 "엄마 해봐!"라고 하고 아빠라고 말할 때까지 "아빠 해봐!"라고 말합니다.

이렇게 모국어는 듣고 따라 하는 방식으로 성공했습니다. 화상영어도 같은 방식으로 사용하면 성공할 수 있습니다.

이렇게 듣고 따라 하는 화상영어를 하게 되면 오히려 말하기를 내세우는 화상영어보다 더 많은 시간 동안 말하는 효과를 내게 됩니다.

기존의 화상영어에서는 단답형의 대답과 질문이 주를 이루는 반면, 듣고 따라 하는 식으로 수업을 하면 말하기로는 어려운 문장들을 귀와 입으로 훈련할 수 있습니다.

처음에는 말하기 중심의 화상영어가 더 효과가 있는 것처럼 생각되지만 점차 시간이 흐를수록 듣기 중심의 화상영어가 진가를 발휘하는 것을 알 수 있습니다.

간혹 이러한 앵무새화상영어를 단순히 앵무새처럼 듣고 따라 해서는 의미가 없다고 폄훼하는 경우가 있는 것을 압니다. 그러나 소리를 듣고 따라 하지 못하면서 이해한다면, 진정한 이해가 아니라 단어로 추측하는 것에 불과합니다.

화상영어의 진가는 모국어를 배울 때처럼 영어듣기를 훈련할 수 있다는 데 있습니다.

영어책을 읽어서 성공했다고 하는 사람은 외계인이거나
알면서 거짓말을 하고 있거나 몰라서 거짓말을 하는 것이다.

언어는 문자가 아닌 소리로 배우는 것이기 때문이다.

제11장

영어교육의 착각

01

성인과 어린이 중 누가 영어를 더 빨리 배울까?

전문가들을 비롯해서 많은 사람들은 문자교육과 소리교육을 동시에 하는 것이 효과적이라고 말합니다. 특히나 영어를 빨리 배우려면 영문법을 아는 것도 필요하다고 말합니다.

그러면 묻겠습니다.

성인과 어린이 중 누가 영어를 더 빨리 배울 수 있을까요?

이렇게 물어보면 대부분의 사람들은 어린이라고 대답합니다. 어릴수록 언어를 받아들이는 데 유리하다고 말하면서 말입니다.

그러면 앞에서 말한 내용과 모순되는 게 아닐까요? 문자교육과 소리교육을 동시에 하는 것이 유리하다고 말하면서도 정작 문자교육이 어려운 아이가 오히려 영어를 더 빨리 배울 수 있다고 말하고 있으니 말입니다.

영어를 가장 빨리 배우는 사람은 단연, 영어공부를 하지 않은 성인이라고 말할 수 있습니다. 그리고 가장 어려운 사람은 기존의 영어교육을 열심히 받은 사람이라고 할 수 있습니다.

영어를 언어로 배우는 데 있어서 가장 중요한 것은 소리를 듣는 능력이고 이 능력은 문자를 접하지 않았을 때 가장 좋다고 할 수 있습니다.

그래서 어려서 아직 문자교육을 받지 않은 아이들이 영어를 배우는 데 유리한 면이 있습니다. 그러나 아이들은 집중력과 동기부여가 부족합니다. 문자교육을 안 받은 상태에서 소리교육의 효과가 확실한 성인에게 집중력과 동기부여가 더해질 때 가장 빠르게 영어를 배울 수 있게 됩니다.

이는 가끔 영어 베스트셀러로 소개되는 "난 이렇게 영어를 못했는데 3개월 만에 영어를 잘하게 됐다."와 같은 책이 나올 수 있는 이유입니다.

다시 말씀드리면, 영어를 빨리 배우는 데 있어서는 성인이냐, 어린이냐가 중요한 것이 아니라, 문자교육을 받았느냐, 아니냐가 더 중요한 요인이라 할 수 있습니다

02

엄마표 영어에서 부모의 녹음이 중요한 이유

엄마표 영어를 하는 분들 중에는 본인이 영어를 잘하는 데도 불구하고 본인 목소리보다 원어민 목소리를 더 들려주는 것 같습니다. 발음 걱정 때문에 그런 것 같습니다.

그래서 영어를 진짜 못하는 부모님들은 아예 읽어줄 생각조차 못 하는 것은 당연한지도 모르겠습니다.

그러나 띄엄띄엄 읽더라도 부모님이 읽어서 녹음한 것을 들려주는 것이 좋습니다. 여기에 여러 가지 장점이 있기 때문입니다.

먼저, 아이들에게 부모님도 공부한다는 모습을 보여줍니다. 아이들은 이렇게 생각합니다. "왜 나만 영어공부를 해야 돼요?" 그런데 부모님이 녹음해서 들려주면 같이 공부하는 느낌이 듭니다. 그래서 영어를 공부해야 할 동기부여로 작용합니다.

한국은 영어를 쓰지 않는 환경입니다. 그러다 보니 영어를 공부해야 할 동기부여를 제공하는 데 어려움이 있습니다. 그러나 이런 부모님의 작은 노력이 아이에게 영어를 공부할 동기부여가 됩니다.

또한 영어소리를 듣기 싫어하는 아이들은 심지어 부모가 영어소리를 틀면 듣기 싫다고 하는 경우가 많은데, 그러면 이렇게 말할 수 있습니다. "너 들으라고 하는 게 아니라 엄마가 공부하려고 하는 거야." 이렇게 해서 듣다 보면 아이도 자연스럽게 듣게 됩니다.

그리고 부모님의 목소리로 처음부터 끝까지 하는 것이 아니기 때문에 발음을 너무 걱정하지 않아도 됩니다. 처음에는 부모님의 목소리를 80%, 원어민 소리 20%의 비중으로 들려주다가 아이가 거부감이 없어지면 이 비중을 점차 20%와 80%로 바꾸면 됩니다. 그리고 나중에는 원어민소리만으로 충분합니다.

부모님의 잘못된 발음을 따라갈까 봐 걱정하지 않아도 됩니다. 아이가 부모님의 발음을 듣고 공부하는 시간은 10년 이상의 영어공부로 따졌을 때 극히 적은 시간입니다. 그 시간 들은 발음으로 평생 영향을 받지 않습니다. 앞으로 원어민 발음으로 공부할 시간은 수백 배 더 많기 때문입니다.

용기를 가지고 부모님의 목소리를 녹음해서 들려주시기 바랍니다.

03

영어예문은 글쓴이의 예문일 뿐이다

영어단어장을 공부할 때, 예문을 같이 공부하면 도움이 됩니다. 그런데 간혹 예문을 참조해서 공부하는 것을 넘어서 예문을 암기하라고 하거나 예문을 암기하려는 사람이 있습니다. 그런데 이것은 결코 좋은 영어단어 공부방법이 아닙니다. 제가 만든 영어단어장에는 다음과 같은 내용이 적혀 있습니다.

여기에 있는 영어예문을 외우려고 하지 마세요. 예문은 단어의 암기를 돕기 위해 저자가 임의로 만든 것으로, 저자의 사상이 깔린 문장입니다. 따라서 여러분이 아무리 이 예문을 암기한다고 할지라도 이 예문을 말할 기회는 평생에 한 번도 없을 것입니다. 차라리 단어 또는 구 단위로 암기하세요.

예문을 참조함으로써 그 단어의 정확한 의미와 함께 문장에서 어떤 단어와 함께 쓰이는지, 그 어법을 알 수 있습니다. 그러나 예문을 암기한다는 것은 이러한 역할을 뛰어넘기 때문에 공부량은 늘어나지만 효과는 작다고 할 수 있습니다.

평생 쓰지도 않을 말을 암기해서 무슨 소용이 있을까요?

04

눈으로 보면 알겠는데 귀로 들으면 모르겠어!

예전에 큰소리로 영어를 읽으면 영어가 된다고 설명하는 학습법이 유행한 적이 있었습니다. 그런데 이 방법으로 열심히 공부하신 어떤 분은 "눈으로 보면 알겠는데 들으면 모르겠네."라고 말합니다.

그런데 이분뿐만이 아닙니다. 대한민국에서 영어를 공부한 사람이라면 누구나가 경험한 적이 있는 일입니다.

이를 설명할 수 있습니다. 여러분은 독해하다가 해석이 안 된다고 해설지를 보면 소용없다는 사실을 잘 알고 있습니다. 해설지를 보는 순간 영어지문의 단어나 문법을 몰라도 해석이 다 되기 때문에 순간적으로 내가 독해실력이 늘어난 것처럼 착각하기 쉽지만 진짜 독해실력이 늘어난 것은 아니기 때문입니다.

마찬가지로 듣기를 할 때 한 번이라도 문자를 보는 순간 더 이상 듣기가 아닙니다. 우리의 두뇌가 영어지문을 사진 찍듯이 찍은 다음, 영어소리가 들리면 그 지문을 펼치기 때문에, 정확한 소리를 듣지 못했는데도 내가 잘 듣고 있다는 착각을 하게 만듭니다. 진짜 듣기실력이 늘어난 것은 아닌데도 말입니다.

05 영어글자를 모를 때는 영어책을 보여줘도 되나요?

아직도 영어문자의 심각성을 모르거나, 영어듣기도 하면서 영어문자를 배웠으면 하는 마음이 있을지도 모르겠지만, 아직 영어문자를 모르는 때라고 해서 알파벳이 쓰인 영어책을 쉽게 보여주면 안 됩니다.

만약 아이의 나이가 다섯 살 이하라면 영어문자 노출이 크게 문제되지 않을 수 있습니다. 그러나 다섯 살이 넘어가면 반드시 영어문자 노출을 제한하는 노력을 해야 합니다. 다섯 살이 되면 벌써 한글과 알파벳의 차이를 알고 더 나아가서는 단어나 문장을 어떻게 읽어야 하는지 물어보거나 또는 의미를 물어보기 시작합니다.

영어는 소리글자입니다. 소리를 알면 읽을 수 있다는 것입니다. 많이 들으면서 글자를 보면 그 글자를 읽게 됩니다. 이럴 경우 대부분은 잘못인지 모르고 신이 나서 아이에게 본격적으로 읽기교육을 시키려고 합니다.

다시 말씀드리지만 부모님에게 영어듣기 전의 문자노출에 대한 기준이 없으면 아이가 영어듣기에 성공하기가 쉽지 않습니다. 영어 알파벳을 읽을 줄 모르는 경우에도 문자노출을 철저히 배제할 만큼 확고해야만 성공할 수 있습니다.

06

영어회화 스터디에서 할 수 있는 공부방법

대부분 영어회화 스터디에서는 원어민과 함께 질문하고 답하는 수업이 일반적입니다. 그러나 어느 정도 말이 되는 사람에게나 도움이 되지, 처음 참석한 사람이나 아직 실력이 부족한 사람에겐 크게 도움이 되지 않습니다. 수업 내내 듣고 있거나 Yes나 No만 또는 같은 말만 하다가 끝날 수 있습니다.

그래서 제안하는 영어회화 스터디의 공부방법은 영어듣기를 위한 모임을 만드는 것입니다. 한 사람이 리더가 되어 본인이 준비한 영어문장을 말하면 회원들이 따라 하고 따라 하지 못하면 따라 할 수 있도록 반복해서 말해주는 것입니다. 그리고 리더는 번갈아가면서 하면 됩니다.

이렇게 하면 듣기라고 말은 했지만 오히려 수업 내내 전 회원이 말하는 내용이 훨씬 많아진 것을 알 수 있습니다. 듣고 따라 하고, 듣고 따라 하는 방식이 익숙해지면 영화 등도 듣고 따라 하는 것이 편해집니다.

영화의 문장을 듣고 따라 해서 그 문장을 내 것으로 만들 수 있을 때 진짜 말하기는 시작됩니다. 영어회화 스터디라고 꼭 질문하고 답하는 공부를 해야 하는 것은 아닙니다.

07

영어의 첫걸음은 듣기, 그래서 영어책을 읽어라?

어느 방송에서 방영한 프로그램에서 나오는 내용입니다. "언어를 배우는 첫걸음은 그 소리를 잘 듣는 것입니다. 이는 영어책을 큰소리로 읽어야 하는 이유입니다."

여러분은 위의 내용을 읽었을 때, 듣기가 첫걸음이라고 생각되나요? 아니면 읽기가 첫걸음이라고 생각되나요? 분명히 듣기가 첫걸음이라고 얘기했는데 막상 듣기공부를 위해서 글자와 단어와 문장을 먼저 알아야 한다는 모순에 빠지게 됩니다. 문제는 이 모순을 아무도 모른다는 데 있습니다.

알고 듣지 않으면 이러한 차이를 찾아낼 수 없어서 문제의식을 갖지 않고, 하라는 대로 그대로 하게 되는 문제가 발생합니다. 영어듣기는 소리교육이고 읽기교육은 문자교육입니다. 이론적으로는 소리교육의 중요성을 알았지만 실제 학습단계에서는 소리교육이 아닌 문자교육을 하고 있는데도 그 차이를 모른다는 것입니다.

이러한 예도 있습니다. "이제부터 듣고 따라 하기를 할 거예요. 화면을 잘 보세요." 처음에는 진짜 듣고 따라 하는 줄 알았는데 화면을 보니 영어자막이 나옵니다. 결국 듣고 따라 하기가 아니라 보고 읽기일 뿐입니다.

08

진짜 영어를 잘하고 싶은 사람이 없다

한국사람만큼 영어를 열심히 하는 나라도 없다면서 실상 그 실력이나 결과가 매번 초라하기만 한 이유는 무엇일까요? 서로가 속고 속이기 때문입니다.

무슨 말인가 하면, "나는 솔직히 영어를 잘하고 싶은 마음이 없다. 그런데 전부 영어를 해야 한다고 하니, 이왕 하는 것 좀 편하게 하고 싶다."라는 것입니다. 그래서 꼼수나 비법이나 편법 등 진짜 영어를 잘하기 위한 방법을 찾는 것이 아니라 어떻게 해서든 이 영어라는 고민을 빨리 해소할 방법만을 찾고 있다는 것입니다.

저희 화상영어를 진행하는 필리핀 선생님들은 하나같이 자녀가 태어나면 필리핀어와 함께 영어를 가르칩니다. 그 이유를 물으니 필리핀에서는 반드시 영어를 말할 줄 알아야 하기 때문이라고 합니다. 대답 속에서 절실함이 느껴집니다.

그런데 한국은 그렇지 않습니다. 한국인이 진짜 하고 싶은 영어는 영어 시험에서 좋은 점수를 얻는 영어입니다. 만약 수능이나 취업에서 영어 점수가 필요 없다면 영어를 공부하는 사람은 거의 없을 것입니다.

09

원어민은 쉬운 영어만으로도 의사소통이 가능하다?

결론부터 말한다면, 원어민은 영어단어를 넓게는 물론 아주 깊게 알고 있고 우리는 수박 겉핥기로 넓게 아는 차이가 있습니다. 마치 '먹다'의 의미를 최소 15개 이상 아는 한국인과 하나의 의미를 아는 외국인과 같습니다.

사전에서 take의 의미를 찾아보면 거의 100개의 의미가 나옵니다. 누구는 핵심이 되는 느낌이나 어감을 잡으면 된다고 말하지만 그리 간단한 것이 아닙니다. 원어민은 수많은 상황에서 쓰이는 take의 의미를 개별적으로 접해서 어느 상황에서 take를 써야 할지를 경험을 통해서 배웠습니다. 그것을 단순히 책의 설명만으로 느낌을 알려고 한다는 것은 어리석은 일입니다.

원어민처럼 쉬운 영어로 의사소통이 가능하려면 아무리 쉬운 단어라 할지라도 활용되는 상황을 보거나 직접 써보는 경험이 축적되지 않으면 안 됩니다.

쉬운 영어로도 의사소통이 가능하다고 주장하는 책으로는, 아무리 공부를 해도 그 이상으로 활용할 수 없습니다. 효과를 보려면 최소한 듣기가 된 다음에 공부하기를 권합니다.

10

영어듣기를 포기한 영어전문가들

잘 알려진 엄마표영어 사이트를 운영하는 전문가에게 "파닉스보다 영어듣기가 먼저입니다. 왜 파닉스를 배워야 한다고 하시나요?" 하고 물었습니다. 그러자 그분이 다음과 같이 답했습니다.

"내가 한국과 미국에서 영어를 가르치는 등 산전수전 다 겪어봤지만 한국처럼 영어를 쓰지 않는 환경에서는 영어듣기를 완성할 수 없어서 적어도 파닉스를 배워서 읽기라도 잘해야 합니다."

어떤 영어전문가는 책에서 이렇게 말합니다. "언어를 배우는 과정은 듣기부터 시작하는 것이 맞지만, 학습은 읽기부터 하는 것이 맞습니다. 한국처럼 영어듣기가 어려운 환경에서는 학습으로 배워야 합니다."

이처럼 영어전문가들도 영어를 언어로 배우기 위해서는 영어듣기가 먼저임을 잘 알고 있지만 영어소리를 접하기 힘든 환경를 핑계로 듣기를 포기하는 대신에 읽기를 하자고 합니다.

제가 말하고 싶은 것은, 일상에서 영어를 쓰지 않는 대한민국에서도 충분히 영어듣기에 성공할 수 있다는 것입니다.

영어듣기가 완성되기 전 영어회화 수업을 하면
평생 한국어를 영어로 바꿔서 말하는 영어를 하게 된다.

"어~, 에~"하는 사람은
머릿속에서 한국어를 영어로 변환하는 중이다.

제12장

영어교육의 완성

01 영어 잘해서 미국 대학 간 사람이 기준이 아니다

02 듣고 말하는 영어는 엄마표영어로만 가능

03 빨리 배운다는 문법을 끝까지 붙들고 있다?

04 직독직해가 모두 가능할까?

05 영어암기는 비법이 아닌 필수

06 초등영어만 가르칠 거라면 파닉스로도 충분하다

07 우린 확률 99%와 1% 중 어디에 걸어야 할까요?

08 요즘 시대에도 발음기호가 필요한가요?

09 중국어공부와 영어공부의 원리는 100% 똑같다

10 대한민국 영어교육이 사는 길은 초등영어교육

01

영어 잘해서 미국 대학 간 사람이 기준이 아니다

그 사람은 영어만이 아니라 다른 것을 해도 잘 했을 것입니다. 그런 사람의 성공과정을 그대로 따라하려고 해서는 안됩니다. 우리가 해야 할 것은 보통 사람 누구나 성공할 수 있는 방법을 따라하는 것입니다. 그래야만 나도 성공할 수 있습니다.

영어를 처음 접한 초등학교 3학년생이 하루에 3시간 이상을 영어공부에 집중하여 성공한 것을 모델로 삼는다면 실패할 확률이 더 높습니다.

우선 아이들이 바쁩니다. 해야 할 것이 4~5살보다 몇배는 더 많아집니다. 영어에만 집중하기 쉽지 않습니다. 그리고 중요한 것은 아이가 영어공부에 적극적일지 아무도 장담할 수 없습니다. 해봐야 안다는 것입니다. 적극적이라면 다행이지만, 아니라면 왜 더 어렸을 때 하지 않았을까 후회해도 소용이 없습니다. 그리고 부모님도 바빠서 신경 쓰기 어렵습니다. 직장맘이라면 더욱 더 그렇습니다.

한국어는 머리가 좋고 나쁘고를 떠나서 한국인이라면 누구나 성공합니다. 우리에게 필요한 영어공부방법은 머리가 좋고 나쁘고에 상관없이 누구나 성공할 수 있는 방법입니다.

02

듣고 말하는 영어는 엄마표영어로만 가능

학교나 학원을 통해서 듣고 말하는 영어를 할 수 있기를 기대해서는 안 됩니다. 우리만 그런 것이 아니라 영어를 잘하는 나라로 알려진 다른 나라의 경우에도 전부 다 엄마표영어로 잘하는 것이지 공교육이든 사교육이든 외부기관의 교육으로 영어를 잘하는 것이 아닙니다.

엄마표영어로 영어듣기를 완성하면 이후에 외부기관에서 문자교육 등을 할 때 듣고 말하는 영어와 읽고 쓰는 영어 모두를 잘 할 수 있습니다.

학교나 학원등의 외부기관에서는 영어듣기를 할 수 없습니다. 보내는 사람이나 가르치는 사람이나 영어듣기를 완성할 시간을 기다려주지 않기 때문입니다. 외부기관은 교육의 효과가 곧바로 나오는 영역에 치중할 수 밖에 없고, 그것은 바로 읽기와 같은 문자교육이 될 수 밖에 없습니다.

필리핀이나 핀란드의 영어교육이 성공적인 이유는 입학 전에 엄마표 영어 학습으로 듣기를 완성하고 입학 후에 문자교육으로 이어지기 때문이지 학교에서 영어듣기를 완성해주었기 때문이 아닙니다. 그래서 한국도 학교나 학원에 일방적으로 의존해서는 영어교육에 성공할 수 없고 반드시 엄마표영어를 우선시해야 합니다.

03

빨리 배운다는 문법을 끝까지 붙들고 있다?

한국처럼 영어를 쓰지 환경에서 영어를 제대로 하려면 영어문법을 배워야 한다고 주장하는 사람들이 많습니다. 들어서 영어를 습득하기에는 너무나 시간이 많이 걸린다고 하면서 영어문법을 배워야만 영어를 조금이라도 빨리 습득할 수 있다는 논리를 폅니다. 영어를 공부한 사람일수록 이런 논리를 강하게 주장하는 것을 보게 됩니다.

그런데 영어를 손에서 놓을 때까지 붙들고 있는 책은 영어문법책이란 사실을 아시나요? 문법이란 굴레와 같습니다.

즉, 영어를 좀 더 빨리 배우기 위해서 영어문법을 배운다고 하는데, 영어문법을 배우다가 영어공부를 끝내게 됩니다. 한마디로 주객이 전도된 영어공부를 하고 있는 셈입니다. 정작 진짜 영어는 해보지도 못하고 영어를 잘하기 위한 부가적인 공부인 영어문법을 하다 마는 것입니다.

도대제 영어문법을 배우면 얼마나 빨리 배울 수 있고, 반대로 영어문법을 배우지 않으면 얼마나 시간이 더 걸린다는 것일까요? 영어문법을 주장한다면 영어문법을 배움으로써 얼마나 시간을 절약할 수 있다는 것인지 밝혀야 합니다.

04

직독직해가 모두 가능할까?

제가 이렇게 말한다고 할 때 여러분은 직독직해가 되나요? “나는 어제 할아버지네 집에가서 배를 봤는데 정말 크더라고. 배가 얼마나 큰지 너한테 보여줄려고 내가 배 사진을 찍어서 가지고 왔어. 이 배 사진 봐봐. 배가 정말 크지?” 절대로 이해가 안될 것입니다. 그럼에도 불구하고 우린 아무 생각없이 읽고 듣고 말할 것입니다.

문장의 이해는 퍼즐맞추기와 같습니다. 순서에 상관없이 전체를 맞추는 순간 앞에 이해되지 않고 남아있던 것까지 한순간에 이해가 됩니다.

영어에서 직독직해란 말이 있습니다. 읽으면서 바로 바로 이해되어야 한다고 합니다. 그러나 절대로 그런 것은 아닙니다. 직독직해를 말하는 사람들은 본인들이 이미 그 문장들을 봤기 때문에 가능한 것이지 처음 본다면 본인도 직독직해가 가능하지 않을 수 있습니다.

위의 예로 든 문장을 영어로 읽는다고 가정한다면 이해가 될 것입니다. 직독직해라는 고정관념에 사로잡히면 오히려 자연스러운 영어의 이해가 어려울 수 있습니다. 한두 단어 정도는 이해가 되지 않더라도 읽어나갈 줄 알아야 합니다.

05

영어암기는 비법이 아닌 필수

영어문장을 암기하는 것이 무슨 비법인것처럼 베스트셀러가 되기도 합니다만 영어말히기를 위해서는 암기를 피할 수 없습니다. 즉, 문장암기는 비법이 아닌 필수입니다.

이렇게 말하면 다음과 같이 묻는 사람이 꼭 있습니다. "그러면 그 많은 영어를 다 외워야 하나요?"라고 말입니다. 대답은 "그렇습니다"입니다. 내 머리에 없는데 어떻게 말을 할 수 있을까요?

우리말을 생각하면 당연한 것인데도 영어를 어떻게 해서든 암기를 안 하고도 쉽게 배울 수 있게 해주는 비법과 같은 마술을 찾게 되는 것 같습니다.

그러나 그런 것은 없습니다. 다만 암기를 하는데 있어서 지금처럼 하지 않아도 됩니다. 지금 우리가 영어책을 보면서 하는 암기는 제대로 된 암기가 아닙니다.

제대로 된 암기는 영어듣기가 완성되어 영어소리를 듣거나 영어책을 보면서 암기할 때 가능합니다. 이때는 소리엔진이라는 것이 작동해서 몇 번만 들어도 바로 내 것이 되는, 여러분이 찾는 그 마술이 일어나게 됩니다. 우리가 새롭게 들은 한국어를 몇 번 되뇌어서 내것으로 만드는 것과 같은 일이 영어를 익힐 때 똑같이 일어나게 됩니다.
물론 대다수는 "영어듣기라는 너무도 단순한 교육을 학교에서까지 할 필요가 있을까?" 하고 반문할 수 있다고 생각합니다. 그것은 영어듣기의 중요성이 얼마나 큰지 잘 모르기 때문입니다. 물론 반박하는 사람들조차 듣기가 중요하다는 것을 알고 있을 것입니다. 그러나 듣기는 중요한 것이 아니라 기본이라는 것까지는 모릅니다. 이 점이 대한민국 영어교육을 망치는 요인이라 할 수 있습니다.

초등학교 졸업 전까지 영어를 듣고 따라 할 수 있는 것에 목표를 두는 영어공교육을 하면 가정이나 유치원 또는 어린이집 등 영어교육이 가능한 기관에서 영어듣기를 위한 교육을 하게 되고, 점차 초등학교 입학 전에 이미 영어듣기가 완성되는 학생들이 늘 것입니다.

이는 마치 한국어가 가능한 학생이 입학하는 것과 같아서 다양한 영어교육을 가능하게 만듭니다. 읽기, 쓰기와 더 나아가서는 말하기를 위한 토론수업까지도 가능하게 됩니다. 초등학교 영어교육이 바뀌면 대한민국 영어교육이 살아납니다.

06

초등영어만 가르칠 거라면 파닉스로도 충분하다

자녀에게 초등학교 수준의 영어만 가르칠 거라면 파닉스만으로도 충분합니다. 그러나 중학교, 고등학교 영어를 가르칠 생각이라면 반드시 발음기호를 가르쳐야 합니다.

예를 들어 poliomyelitis(소아마비)라는 단어를 어떻게 읽어야 할까요? 물론 이 단어를 읽을 일은 거의 없습니다만, 이렇게 처음 보는 단어들을 읽어야 할 상황이 발생하기도 합니다.

중·고등학교에 올라가면 초등학교에서 배우지 않았던 정말 어려운 단어들을 많이 배워야 합니다. 이때 처음 보는 영어단어를 어떻게 읽어야 하는지, 그 방법을 알지 못하면 학생들은 단어를 읽지 않고 그림처럼 암기하게 됩니다.

예로 든 poliomyelitis(소아마비)를 해결할 방법이 없다는 것은 다른 단어도 어떻게 읽어야 하는지 모른다는 의미이기도 합니다. 지금의 파닉스교육은 초등영어만을 위한 불완전한 영어교육이라 할 수 있습니다.

파닉스를 배우면서 "발음기호로 배우면 안 된다."는 이야기를 들은 학생들은 나중에 발음기호를 안 배우려고 해서 정말 난감한 경우가 많습니다. 이렇게 되기 전에 제대로 발음기호 교육을 해주길 권합니다.

잘못된 파닉스 교육 중의 또 다른 폐해는 바로 영어사전의 이용입니다. 파닉스를 가르치면서 "굳이 단어의 발음을 알려고 불편하게 영어사전을 볼 필요가 없다."는 말을 계속해서 듣는 학생들은 영어사전을 찾는 것 자체를 불편하게 여기기 쉽습니다. 영어사전을 활용하지 말라고 교육하는 영어교육이라니 아이러니합니다.

영어사전의 기능은 두 가지입니다. 하나는 발음을 알려주는 것이고, 다른 하나는 의미를 알려주는 것입니다. 그런데 발음기호를 배우지 않은 학생들은 영어사전의 기능 중 하나를 이용할 수 없기 때문에 영어사전의 필요성을 크게 느끼지 못하고, 영어사전을 찾지 않게 됩니다. 반대로 발음기호를 아는 학생은 영어사전에서 모르는 단어를 찾는 것을 당연하게 생각하게 됩니다.

파닉스와 발음기호를 가르치는 교육은 영어사전의 활용에 있어서도 다른 태도를 보이게 됩니다. 파닉스로 영어를 쉽게 배울 것처럼 말하면, 중·고등학교 영어를 배울 때 여러 가지 어려움을 겪게 됩니다.

07

우린 확률 99%와 1% 중 어디에 걸어야 할까요?

여러분은 99% 당첨 확률의 복권과 1% 당첨 확률의 복권이 있다면 어디에 거실건가요? 모든 사람은 99%에 걸겠다고 할 것입니다.

그런데 그렇지 않은 경우가 있으니 바로 외국어교육입니다. 우리는 모두 소리로 모국어를 배우고 그다음에 문자교육을 배웠습니다. 이에 대해서 이의를 제기할 사람은 아무도 없습니다. 전 세계의 모든 사람은 예외없이 소리와 문자가 분리된 언어교육을 받고 99% 성공합니다. 소리와 문자를 동시에 배운 사람은 단 한 명도 없습니다.

그런데 우리는 영어나 중국어나 일본어등 외국어를 배울 때는 소리와 문자를 함께 배웁니다., 제가 영어를 배울 때도 소리와 문자를 분리해서 교육해야 한다고 말하면, 오히려 제가 이상한 사람이 되어 버립니다.

“영어를 성공한 사람들 중에는 소리와 문자를 동시에 해서 성공한 사람도 있는데요”라고 말하면서 제 말을 믿지 않습니다. 그러면 그런 사람은 얼마나 될까요? 1%가 될까요?

영어교육을 진정으로 성공시키고 싶다면, 99%가 성공한 방법에 걸어야지 1%만 성공한 방법에 걸면 안 됩니다.

08

요즘 시대에도 발음기호가 필요한가요?

제가 발음기호의 교육에 대해서 말씀을 드리면 대부분은 "요즘도 발음기호가 필요한가요? 요새는 전자사전이 있어서 원어민 음성을 들면서 할 수 있는데 굳이 필요한가요?"라고 반문합니다.

그렇다면 저는 이렇게 물어보고 싶습니다. "우리는 모두 한국어를 잘 듣고 잘 말할 수 있습니다. 그렇다면 노래를 부를 배울 때 굳이 한글가사가 필요할까요? 노래를 모르면 들어 보면 되는데 굳이 한글로 가사를 적어서 볼 필요가 있을까요?"

아마도 대부분은 한글가사를 보면서 노래를 배우는 것이, 한글가사없이 노래를 배우는 것보다 편하다고 말할 것입니다. 바로 영어의 로마자든 한글이든 발음기호가 필요한 이유가 그런 이유입니다.

영어 발음기호를 알아야 하는 이유는 원어민음성을 들어서 발음을 배울 수도 있지만 그것을 보조하는 역할을 해주기 때문에 발음기호를 보고 읽을 줄 아는 것이 영어발음을 아는데 도움이 된다는 것입니다.

애써 발음기호를 무시하며 배우지 않을 이유는 없습니다.

09

중국어공부와 영어공부의 원리는 100% 똑같다

이제까지 드린 말씀에서 '영어' 대신 '중국어'로 바꿔서 읽으면 중국어학습법이라 할 수 있습니다.

듣고 말하는 중국어를 하려면 중국어듣기를 완성해야 합니다. 중국어듣기의 완성을 위해서는 중국어한자를 배우기 전에 영화 등을 듣고 따라 할 수 있어야 합니다. 듣기가 완성된 다음에 중국어 한자를 읽고 쓸 수 있도록 배우면 됩니다. 중국어도 결국 듣기가 기본입니다.

중국어 자격시험 중 HSK 회화시험은 묻고 답하기가 아니라 단순히 듣고 따라 하는 것에 배점을 많이 주고 있다는 사실을 볼 때, 이 시험에서 듣고 따라 하기의 중요성을 얼마나 강조하는지 알 수 있습니다.

중국어는 성조에 대한 우려가 많은데, 저는 이렇게 말씀드리고 싶습니다. 성조보다는 중국어를 하시길 바랍니다. 성조는 중국어의 일부이지, 중국어 자체가 아닙니다. 성조 때문에 중국어를 포기하는 일은 절대로 없어야 합니다. 성조를 잘해야 의미를 안다고 말하지만, 성조를 아무리 잘해도 중국어를 못하면 안 됩니다. 왜냐하면 똑같은 성조의 다른 말이 너무도 많기 때문입니다.

성조의 중요성에 대해서 말하는 분들이 주로 예로 드는 것이 '마'입니다. '마'의 성조에 따라서 의미가 달라진다고 합니다. 1성으로 읽으면 엄마, 2성으로 읽으면 마, 3성으로 읽으면 말, 4성으로 읽으면 욕하다가 된다고 합니다.

그런데 여기서 간과하는 것은 1성으로 마를 잘 읽었다고 해서 꼭 엄마는 아니라는 것입니다. 1성의 '마'가 또 있습니다. 그래서 듣는 사람이 오해할 여지가 충분합니다. 이런 오해를 불러오지 않으려면 앞뒤 문장이 중요해집니다. 이 말을 뒤집어 보면 '마'를 조금 잘 못해도 앞뒤 말을 할 줄 알면 걱정하는 것보다는 의사소통에 큰 지장이 없다는 것입니다.

오히려 성조 때문에 중국어를 포기하는 것이 더 큰일이라 할 수 있습니다. 영어도 빠다발음이라고 영어발음 신경 쓰다가 오히려 영어공부를 포기하게 되는데, 중국어는 성조에 신경 쓰다가 포기하는 일이 너무 많은 것 같아서 정말 안타까운 마음이 듭니다.

10

대한민국 영어교육이 사는 길은 초등영어교육

초등영어교육은 본격적인 영어교육을 하기 전에 영어에 흥미를 붙이기 위한 교육단계로 생각하는 것 같습니다만 저는 다르게 생각합니다.

대한민국 영어교육이 성공하는 열쇠는 초등학교에 있다고 할 만큼, 전체 영어교육에 있어서 중심적이고 가장 중요한 교육이 바로 초등영어교육입니다.

지금처럼 초등영어교육의 목표를 영어의 4대 영역을 골고루 다루는 방식이 아니라 어느 한 영역에 집중해서 완성하는 데 둔다면 충분히 공교육만으로도 영어교육에 성공할 수 있습니다.

바로, 듣고 따라 할 수 있는 영어듣기의 완성입니다.

영어듣기는 중요하다기보다 읽기, 쓰기, 말하기의 기본이라 할 수 있습니다. 이 점을 깨닫는다면 영어교육에 대한 실패의 이유와 함께 성공하는 방법까지 모든 문제가 풀리게 됩니다. 즉, 제가 제시하는 영어듣기의 완성이란 다른 영역을 잘하기 위한 기본을 다지는 교육을 최우선적으로 하자는 것입니다.

제2부

한글영어의 해결책

한글영어는

영어문자와 한글의 의미 없이, 그림과 한글발음만으로

듣기, 말하기를 공부하는 영어학습법이다.

제1장

한글영어의 역사

01

한글로 배우는 외국어는 세종대왕과 집현전의 학습법

세종대왕은 한글을 창제하신 후 집현전에 지시해서 중국어 한자 밑에, 일본어 한자나 가나 밑에 한글로 발음을 적어서 교재를 만들도록 했습니다.

그래서 신숙주가 직접 중국을 수차례 방문해서 현지 사람들의 중국어 발음을 듣고, 이를 한자 밑에 한글로 발음을 달았습니다. 이런 식으로 해서 한글중국어, 한글일본어 등 한글로 배우는 외국어교재를 만들었습니다.

그리고 이들 교재들을 이용해서 사역원이라고 하는 통역관을 배출하는 기관에서 외국어교육을 시행했다는 기록이 역사적으로 남아 있습니다.

다시 말해서 한글로 배우는 외국어를 처음 생각한 사람은 세종대왕이고, 교재를 만든 사람은 집현전 학자들이고, 이 교재로 공부한 사람은 전문 통역관이었습니다. 교육의 역사가 거의 500년에 이르는 대단한 외국어학습법입니다.

한글의 가치는 우리글로서의 가치뿐만 아니라 외국어를 배우는 발음기호로서의 가치 두 가지를 지녔습니다.

02 영어 사대주의에 빠진 한국인

한글학자들을 포함해서 우리는 한글의 우수성과 과학성을 자랑스럽게 생각합니다. 그래서 한글의 세계화라는 이름으로 문자가 없는 나라에서 한글을 문자로 쓸 수 있도록 운동을 펼치고 있습니다.

그런데 한글의 세계화를 적극적으로 지지하고 이끄는 한글학자들조차 한글로 영어를 배우는 것에 대해서는 부정적인 시각을 드러냅니다. 왜 그런가 하면 영어는 한국어에 없는 발음들이 있어서 한글로는 영어를 다 표현할 수 없기 때문이라고 합니다.

이런 시각이라면 어떻게 다른 나라에는 한글로 그 나라 언어를 배울 수 있다고 말하는지 궁금하지 않을 수 없습니다. 인도네시아의 어느 부족의 언어를 한글로 표기해서 배우는 일이 신문에 난 적이 있습니다. 그러면 그 부족의 소리는 한국어와 동일하다는 건가요? 음운체계가 동일해서 한글로 배울 수 있나요?

영어에는 한글로 표현할 수 없는 음이 있어서 안 된다면 어떻게 한글의 세계화를 외칠 수 있을까요? 한국어와 똑같은 음을 가진 언어만 가능한데 말입니다.

03

한글영어 학습방법

한글영어는 듣고 말하는 영어를 위해서 한글로 배우는 외국어학습법입니다. 이때 주의할 점은 영어문자교육이나 한글의 의미를 알려줘서는 안 된다는 것입니다. 한글영어와 원어민 음성 등 오로지 소리 중심의 교육이 이루어져야 합니다.

한글영어 교재는 그림과 한글발음으로 구성되어 있습니다.

1. 우선 그림과 한글발음으로 연습해서 암기합니다. 처음에는 당연히 한글을 읽듯 읽을 것입니다. 그러나 걱정하지 않아도 됩니다. 우리말을 처음 할 때 "어~ ㅁ 아" 등 이상한 말로 시작했지만 점차 나아지면서

완벽한 말로 하게 된 것과 같습니다. 한글영어로만 하는 것이 아니라 반드시 원어민 소리와 함께합니다.

2. 암기할 때는 미리 원어민 음성에 많이 노출되도록 환경을 조성하거나 들으면서 외우면 됩니다. 다만 주의할 점은 원어민 소리나 동영상을 보다가 암기보다 듣는 것과 보는 것에 치우쳐 버리기 쉽다는 것입니다. 그럴 바에는 차라리 한글영어로 소리를 암기하는 편이 것이 나을 것입니다. 외우지 못하면 소용없다는 생각으로 해야 합니다.

3. 그림과 한글영어로 연습해서 암기한 다음, 그림만 있는 페이지를 보고 암기하도록 합니다. 만약 하나의 이야기가 100개의 문장으로 이루어졌다면 5개씩 또는 10개씩 분할해서 외운 다음 누적해서 외운 후 최종적으로 1번부터 100번까지 그림만 보고 암기할 수 있어야 합니다.

4. 다만 한글영어는 말하기가 아닌 듣기가 목표이므로 100% 완벽하게 암기하지 않아도 됩니다. 80% 정도 암기하면 되는 것입니다. 첫소리를 들려주었을 때 바로 생각날 정도면 충분합니다.

5. 고민하기보다 일단 도전해보기 바랍니다. 놀라운 경험을 할 수 있습니다.

04

한글영어가 제안하는 영어학습 과정

한글영어에서는 언어영어와 학습영어 모두를 잘하기 위해서 현 교육시스템 안에서 다음과 같이 할 것을 제안하고 있습니다.

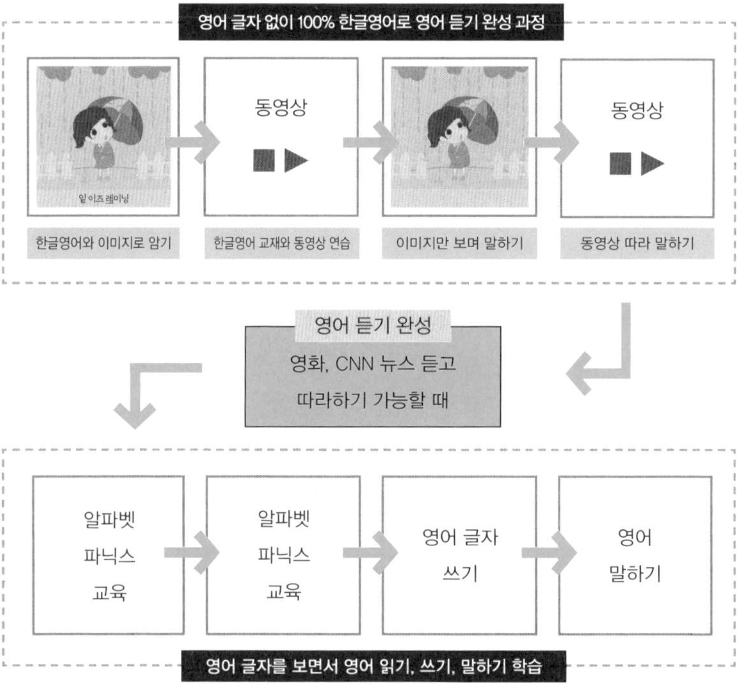

한글영어가 생각하는 영어교육 프로세스의 중심에는 영어듣기 완성이 있습니다. 영어듣기를 기준으로 이전에는 어떠한 문자교육도 해서는 안 됩니다. 영어듣기를 완성한 후 파닉스든 발음기호든 문자읽기 교육을 하도록 합니다. 한국어도 듣고 말하는 한국어가 완성된 후 몇 년이 지나서 한글이라는 문자교육을 하는 이원화 구조로 되어 있다는 것을 적용할 수 있습니다.

다만, 학교영어에 한계가 있기 때문에 말하기영어만을 목표로 할 수 없습니다. 왜냐하면 말하기영어를 하려면 많은 시간이 필요한데 영어만 하지 않는 이상 또는 조기에 시작하지 않는 이상 그만한 시간을 확보하는 것이 현실적으로 어렵기 때문입니다. 물론 시간이 확보된다면 듣기 후 말하기 그리고 읽기, 쓰기, 문법 등으로 진행할 수 있습니다.

현실을 고려할 때 최적의 영어교육은 듣기를 먼저 완성한 후 학교영어를 잘할 수 있도록 읽기와 쓰기와 문법을 가르친 후, 그 이후에 본인의 필요에 따라 영어말하기에 도전하면 됩니다. 이미 듣기가 완성된 다음이라서 말하기는 확실히 성공할 수 있습니다.

05

한글학자들도 모르는 문자와 소리의 관계

한글학자들은 어떻게 하면 한글로 영어소리를 완벽하게 표기할까 고심하면서 그 주제로 소모적인 논쟁을 하고 있습니다. 그러다 보니 한글의 세계화가 구호에 그치는 것이 아닌가 싶습니다.

글자와 소리는 별개입니다. 한글로 영어소리를 완벽하게 표기하겠다는 생각을 버려야 합니다. 어떤 사람은 옛날 한글이 처음 만들어졌을 때 있었던 옛 한글을 복원하면 영어소리를 표현할 수 있다고 합니다만 전혀 그럴 필요가 없습니다. 지금 있는 것만으로 충분합니다.

우리는 이렇게 말합니다. "영어는 글자와 소리가 달라서 읽기가 어렵다." 그렇지만 조금 더 어려울 뿐이지 글자와 소리가 다르다고 배울 수 없는 것은 아닙니다.

예를 들어 알파벳 a는 [아, 애, 오] 등 정말 여러 가지 소리로 납니다. 즉, 동일한 알파벳 a로 여러 가지 소리를 적을 수 있다는 말입니다. 이 말을 잘 생각하면 한글 'ㅍ'도 꼭 p 발음만이 아니라 f 발음으로도 사용될 수 있습니다. 우리가 서로 약속하면 됩니다.

영어의 알파벳은 하나의 문자가 여러 소리를 적는 데 사용되는 것을 불편해하지만 불가능하다고 말하지 않습니다. 그러면서 한글로는 하나의 한글이 오로지 하나의 소리만 적을 수 있어야 한다고 생각하는 것은 분명히 고정관념입니다.

하나의 한글로도 여러 가지 소리를 적을 수 있습니다. 그렇다고 수십 가지를 적는 것이 아니라 단 두 가지 정도만 적으면 됩니다.

ㅂ은 [v, b], ㅍ은 [f, p], ㄹ은 [r, l]

다시 말씀드리지만 문자와 소리는 별개이고 한글로 완벽히 소리를 표기하겠다는 생각을 버려야 합니다. 완벽한 소리는 반드시 원어민소리로 확인해야 합니다. 노래를 한글가사로 배우는 것이 아니라 가수의 노래로 배우는 것과 같습니다.

문자와 소리가 별개라는 것을 확실하게 보여주는 것은 일본어의 한자라 할 수 있습니다. 하나의 한자를 읽는 방법이 여러 가지입니다. 문자는 기호이자 그림입니다. 주변 상황에 따라서 그림의 의미가 달라진다고 생각하면 됩니다.

06

한글영어에 대한 걱정은 기우에 불과하다

지금까지 여러 해 동안 한글영어를 전파하면서 수많은 사람의 한글로 영어를 배우는 것에 대한 걱정과 고민과 우려를 상담해 왔습니다.

그러나 여러분이 생각하는 고민은 단지 기우에 불과하다는 것만은 확실하게 말씀드릴 수 있습니다. 가장 크게는 한글로 하면 영어발음이 나빠질까 봐 걱정합니다만 그런 일은 일어나지 않습니다. 초기에 한글영어를 배우자마자 읽는 그 발음으로 한글영어를 판단하면 안 됩니다. 그렇게 따지면 가장 처음 "어~으 마"라고 말하는 한국 아이들은 나중에 '엄마'라 하지 않고 평생 "어~으 마"라고 하던가요?

한글영어를 한다는 것은 노래를 배우는 것과 100% 동일합니다. 처음에는 가사조차 읽는 것이 어려워서 가사만 따로 책을 읽듯이 음미하면서 읽어보게 됩니다. 이러한 과정을 통해서 노래의 흐름을 이해하고 그다음에 박자나 음정을 살려서 차츰 연습합니다. 이후 처음과는 완전히 다른 노래를 부르게 됩니다.

한글영어도 마찬가지입니다.

처음에는 마치 책을 읽듯 읽겠지만 원어민 음성을 들으면서 따라 하려고 하면서 읽다 보면 본인도 모르게 물 흐르듯 원어민처럼 읽고 있는 자신을 발견하게 됩니다. 언제까지나 한글영어를 책 읽듯이 읽지 않는다는 것입니다. 결론적으로 발음걱정은 할 필요가 없습니다.

또한 "한글로 배우다 보면 읽기를 못 하는 게 아닐까?" 하고 나중에 영어를 읽는 것에 대해서도 걱정합니다. 그러나 오히려 반대입니다. 지금 파닉스를 통해서 읽는 읽기는 가짜 읽기입니다. 진짜 읽기는 듣기가 된 다음에 읽는 읽기입니다. 한글영어는 듣기를 위한 학습법입니다.

만약 한글영어로 영어듣기가 완성되었다면 오히려 진짜 읽기를 할 수 있게 된 것입니다. 그래서 가짜 읽기를 할 때 영어책을 더 재밌게 읽게 됩니다. 우리글도 듣고 말하는 한국어가 된 다음에 따로 ㄱ, ㄴ, ㄷ 한글을 배워서 읽었습니다. 영어도 듣기가 된 다음에 읽기를 위한 요령만 배우면 곧바로 영어책을 잘 읽을 수 있습니다. 그래서 읽기도 걱정할 필요 없습니다.

이외에도 질문이 수없이 많습니다만 그 모든 질문에 합리적 답변이 가능하다고 말씀드릴 수 있습니다.

07

일본어 소리는 하나, 일본어 글자는 넷

일본어를 배워 본 사람은 알겠지만, 일본어 문자 체계는 참으로 복잡합니다. 일본어라는 소리는 하나인데 한자, 히라가나, 가타가나, 영어 등 네 가지를 문자로 사용합니다. 그렇다고 해서 일본어를 하는 데 문제를 일으키지는 않습니다.

여기서 우리는 한 가지 중요한 사실을 알 수 있습니다. 소리는 하나인데 이를 적는 글자는 여러 가지가 될 수 있다는 것입니다.

영어라는 소리는 하나인데 이를 적는 문자는 알파벳이나 한글이나 한자나 아랍어나 모두가 될 수 있다는 것입니다. 단지 차이는 읽기에 더 편한 문자가 있을 뿐이라는 것입니다.

소리와 문자는 별개라고 했습니다. 일본어는 바로 이런 점을 잘 보여줍니다. 이제부터 영어는 알파벳으로만 적어야 한다는 생각을 버려야 합니다. 영어도 일본어처럼 다른 문자로 적을 수 있습니다. 바로 한글이 그런 역할을 할 수 있습니다.

08

영어문장 암기의 목적이 다르다?

기존의 영어공부에서도 영어문장 암기를 권합니다. 그래서 한동안 영어문장 암기를 강조한 영어책이 베스트셀러가 되기도 했습니다. 마찬가지로 한글영어에서도 영어문장을 암기할 것을 강조합니다.
그런데 문장을 암기하는 목적이 완전히 다릅니다. 기존 영어공부에서는 문장을 암기하는 목적이 문장을 암기해서 내가 적절한 상황에서 활용하겠다는 것이라면, 한글영어에서 문장을 암기하는 목적은 원어민이 말하는 소리를 빨리 알아듣는 것입니다. 암기의 목적이 말하기와 듣기로 극명하게 나뉩니다.

말하기를 위한 문장암기와 듣기를 위한 문장암기는 공부방법에 있어서도 차이를 만듭니다. 말하기를 하려면 그 문장의 단어 등 의미를 알아야 하지만 듣기를 위한 문장암기는 굳이 의미를 몰라도 가능합니다.

또한 말하기를 위해서는 완벽히 암기해야 하지만 듣기를 위해서는 80% 정도 암기하고 들어서 따라 할 수 있을 정도면 됩니다. 이처럼 똑같이 보이는 문장암기까지도 목적과 방법이 다릅니다.

09

한글영어의 뛰어난 점

한글영어가 다른 어떤 학습법을 내세운 곳보다 뛰어난 점은 한국인이 열심히 영어를 한다고 했는데도 실패한 원인이 무엇인지 정확히 파악하는 데 그치지 않고, 그에 대한 명쾌한 해결책을 제시하고 있다는 것입니다.

이제까지 문제를 알았다면 해결책을, 해결책을 알았다면 문제점을 몰라서 제대로 성공하지 못했다고 할 수 있습니다. 그러나 한글영어는 문제점과 해결책을 완벽하게 제시하고 있습니다.

1. 문제점

한국인이 영어를 실패하는 원인은 영화나 애니를 듣고 따라 할 정도로 영어듣기가 완성되기 전 알파벳과 파닉스로 시작하는 문자교육을 함으로써 귀가 닫히게 됩니다. 결국 영어소리를 들을 수 없게 만듭니다.

2. 해결책

영어를 쓰지 않는 환경 때문에 영어듣기를 포기했다면, 이제는 영어를 쓰지 않는 환경 속에서도 도전하는 누구나 영어듣기에 성공할 수 있는 한글영어가 있습니다.

10

한글영어로 한다고 무조건 성공하지 않는다

한글영어로 하면 영어를 쓰지 않는 대한민국에서도 듣고 말하는 영어를 할 수 있다고 말씀드립니다. 그러나 한글로 영어를 배운다고 해서 영어에 성공하는 것은 아닙니다. 더 중요한 것은 영어문자를 사용하지 않는 것입니다.

문자와 소리는 이렇게 비유할 수 있습니다. 문자는 사자, 소리는 쥐. 쥐가 사자와 함께 생존할 수 없는 것처럼 문자와 소리는 같이 교육할 수 없습니다. 물론 듣기가 완성된 다음에는 다릅니다. 듣기가 완성되었다는 것은 쥐에 불과했던 소리가 호랑이만큼 커진 것을 의미합니다.

또한 한글의 의미를 일일이 가르치면 안 됩니다. 한글영어의 목표는 원어민처럼 하는 영어입니다. 영어를 오로지 영어로 이해하고 말할 수 있어야 한다는 것입니다. 한국어로 이해하면서 공부하면 재밌고 학습효과가 더 뛰어난 것처럼 생각되지만 이렇게 습관이 들면 평생 한국어 개입 없이는 영어를 배울 수 없습니다.

물론 이런 학습에 적응하기 힘들지만 고비를 넘기면 오히려 탄력이 붙어서 학습효과가 급속히 나타나게 됩니다.

현재의 한글영어를 반대하는 사람은
과거의 세종대왕의 한글창제를 반대한 사람과 같다.
한글창제를 반대한 사람들의 잘못을 반복하지 말자.

제2장

한글영어의 듣기

01

영어듣기를 할 수 있는 세 가지 방법

제가 한글영어라는 영어학습법을 발견하지 못했다면 저는 영어듣기를 하라고 말하지 못했을 것입니다. 일상에서 영어를 듣기 어려운 상황에서는 아무리 듣기를 하려고 노력해도 성공하기 쉽지 않기 때문입니다.

1. 집중듣기

그림과 한글영어를 보고 연습해서 그림만 보고 말할 수 있도록 하는 듣기입니다. 원어민소리를 듣는 것도 중요하지만, 가장 중요한 것은 그림만 보고 말할 수 있도록 암기하는 것입니다. 그래서 집중듣기입니다.

2. 확인듣기

질문하고 답하는 화상영어가 아니라 듣고 따라 하도록 한 후, 제대로 따라 하지 못하면 학습자가 따라 할수록 반복해주는 듣기 훈련입니다. 아이가 '엄마'를 따라 말하도록 훈련하는 것과 같습니다. 화상영어가 안 된다면 부모님이 듣고 따라 하도록 훈련해주면 됩니다.

3. 흘려듣기

영화나 애니 등 영상물을 시청하는 것입니다. 본인이 좋아하는 영상물을 반복해서 보는 것입니다.

02
왜 한글영어는 되고 영어문자는 안 될까?

한글도 문자이고 알파벳도 문자인데 왜 한글로 하는 영어는 듣기에 도움이 되고 알파벳으로 하는 영어는 영어듣기에 방해가 되는지 묻는 분이 많습니다.

그 이유는 소리변환엔진의 형성 때문에 그렇습니다.

우리는 한글을 익히기 전에 한국어소리라는 소리교육을 완전하게 받습니다. 듣고 말하는 한국어가 가능한 후에도 몇 년이 지나서 한글교육을 받습니다. 이렇게 해서 우리는 한글소리변환엔진이 만들어지게 됩니다. 한글이란 문자를 두뇌에 저장할 때 소리로 변환한다는 것입니다.

그러나 영어는 소리교육 없이 곧바로 문자교육을 받기 때문에 이러한 소리변환엔진이 만들어지지 않았습니다. 그래서 영어문자로 공부하게 되면 소리가 아닌 그림을 두뇌에 저장하게 됩니다. 간혹 영어를 떠올리면 영어글자가 떠오르는 이유는 저장된 방식이 그림이기 때문입니다.

한글영어로 하는 이유는 문자는 한글이지만 머리에 남는 것은 불완전하지만 영어소리라는 것을 응용한 것입니다.

03

셋째는 영어 말문이 터진다

한글영어로 영어공부에 도전한 가족 중에 아이가 셋이 있는 경우, 막내가 실제로 영어말문이 터진 경우가 종종 있었습니다.

첫째와 둘째가 한글영어를 암기하면서 큰소리로 읽는 영어소리를 듣게 되고, 또한 화상영어를 하면서 들리는 영어소리도 듣게 되면서 마치 미국의 영어환경에 놓인 것처럼 하루에 많은 양의 영어소리를 듣게 됩니다.

기존의 영어문자로 하는 영어공부를 하게 되면 공부하는 사람 본인만의 영어공부로 그치겠지만, 한글영어처럼 소리로 하는 영어공부를 하게 되면 본인뿐만 아니라 주위에도 좋은 결과를 가져오게 됩니다.

우리가 모국어를 배운 원리를 생각하면 너무도 당연한 원리이지만, 그동안 영어는 영어문자로 배워야 하는 것처럼 세뇌되다시피 했습니다.

가족이 많을수록 올바른 영어교육의 진가는 더 빛을 발하게 됩니다. 한글영어로 공부하는 모든 가족이 영어공부에 성공할 수 있기를 바랍니다.

04

의미를 모를까 봐 걱정할 필요가 없다

한글영어에서는 영어문장도 제공하지 않지만 한글의미도 제공하지 않습니다. 그래서 많은 사람이 한글영어로 공부하면 의미를 모를까 봐 매우 걱정합니다.

그런데 의미를 모를 수 없습니다. 왜냐하면 한글영어는 한글발음과 함께 100% 그림을 이용하기 때문입니다.

물론 그림을 잘못 이해해서 틀리게 알고 있는 경우도 있습니다. 그렇지만 이런 경우조차 그냥 놔두는 것이 좋습니다. 스스로 단어의 의미를 비교하고 분석해서 잘못 알고 있던 의미를 수정할 수 있는 기회와 시간을 주어야만 발전할 수 있기 때문입니다.

해석을 해줘서 아는 것과 그림을 통해 느낌으로 아는 것은 다릅니다. 해석은 해석일 뿐 이것이 원어민영어식으로 활용될 수는 없습니다. 그러나 느낌으로 알게 된 영어는 바로 원어민영어처럼 쓰일 수 있습니다.

예를 들어 비가 오는 그림과 함께 [이츠 레이닝]이라고 암기했다면, 한국어를 생각하지 않았는데 본인도 모르게 입에서 툭 [이츠 레이닝]이라고 나올 수 있습니다.

05

한글을 읽을 줄 모르는 경우의 한글영어

아이가 아직 어려서 한글을 읽을 줄 모른다면, 한글영어 학습에서 부모님의 역할이 매우 중요합니다.

1. 부모님 목소리로 녹음해서 들려주기

아직 어린아이들에게 부모님은 절대적인 존재입니다. 부모님이 직접 영어를 가르치면 아이들에겐 강한 동기부여가 됩니다. 이때 부모님의 발음을 걱정할 필요는 없습니다. 초기에는 부모님의 목소리 80%, 원어민소리 20%로 하다가 점차 비중을 바꿔나가면 됩니다.

2. 부모님이 생생하게 읽어주기

매일 일정한 분량을 정해서 부모님이 생생한 목소리로 조금은 과장되게 읽어줍니다. 영어책이든 한글발음으로 쓴 책이든 상관없습니다. 듣는 아이들 입장에서는 구분되지 않기 때문입니다.

3. 듣고 따라 말하게 하기

“엄마 해봐 엄마” 하며 모국어를 가르쳤던 대로 영어를 따라 말하도록 합니다. 굳이 암기할 필요는 없습니다. 교재를 붙여놨다가 수시로 읽어주고 따라 하도록 하면 됩니다.

06

한글을 읽을 줄 아는 경우의 한글영어

학습자가 한글을 읽을 줄 안다면 스스로 모든 학습을 할 수 있습니다. 온전히 자기주도학습이 가능합니다. 부모님의 역할은 진도확인과 동기부여와 믿고 기다려주는 것입니다.

1. 한글영어 암기

그림과 한글영어를 보고 연습해서 그림만 보고 말할 수 있도록 암기합니다. 본인에게 맞는 하루 분량을 정해서 암기하도록 합니다. 듣고 말하는 영어를 위해서는 암기를 피할 수 없습니다.

2. 원어민 음성 듣기

우선 헤드셋과 녹음 프로그램을 이용해서 한글영어 교재를 보고 자신의 목소리로 녹음합니다. 그리고 녹음된 목소리를 제공되는 원어민 음성과 번갈아 가면서 듣도록 합니다. 또한 외우지 않는 범위의 내용도 미리 듣는 것이 좋습니다.

3. 듣고 따라 하기

자신의 목소리로 녹음된 것과 원어민 음성을 듣고 따라 하는 연습을 함으로써 귀와 입을 훈련하도록 합니다.

07

한글영어는 플랫폼과 관련 있다

현대는 플랫폼 경쟁의 시대라고 말합니다. 플랫폼 경쟁에서 지면 모든 것을 잃는다고도 말합니다. 그만큼 플랫폼의 중요성은 아무리 강조해도 지나치지 않습니다.

그런데 우리에게는 전 세계가 부러워하는 뛰어난 플랫폼이 있으면서도 이를 활용하지 못하고 있습니다. 바로 한글입니다.

한글은 교육부터 시작해서 모든 산업의 근간이 되는 플랫폼입니다. 그러나 한글은 국내용만의 플랫폼이 아닙니다.

한글은 전 세계에서 통할 수 있는 플랫폼입니다. 지금까지 알파벳은 세계 문자의 플랫폼으로 자리매김하고 있습니다. 그러나 한글이 세계화가 된다면 한글도 알파벳과 경쟁해서 세계에서 통하는 플랫폼이 될 수 있습니다.

특히나 중국을 이길 수 있는 너무도 좋은 기회가 한글의 플랫폼화에서 만들어질 수 있습니다. 다른 기술은 쉽게 따라 잡힐 수 있지만, 한글이란 기술은 따라잡힐 수도 없고, 오히려 따라 하기를 바랍니다.

08

한글영어 교재로 공부하는 방법

다음은 한글영어 교재를 구매해서 공부하는 사람들에게 알려드리는 교재활용 방법입니다. 한글영어 암기라는 목표만 흔들리지 않는다면 방법은 각자의 환경에 따라서 수백 가지로 바뀔 수 있습니다.

1. 본인의 음성을 녹음한 후 들으면서 공부 할 수도 있고
2. 한글발음을 쓰면서 외울 수도 있고
3. MP3를 들으면서 쓰면서 외울 수도 있고
4. 다른 사람이 말해주는 걸 들으면서 외울 수도 있고
5. 자기 목소리로 녹음된 것을 듣고 따라 하면서 외울 수도 있고
6. 한글영어만 보면서 암기할 수도 있고
7. 한글영어와 그림을 보면서 암기할 수도 있고
8. 한글영어와 CD와 그림을 보면서 암기할 수도 있고
9. CD와 그림만 보면서 암기할 수도 있고
10. 위에서 한 가지 방법으로만 할 수도 있고
11. 두 가지 이상을 섞어서 할 수도 있습니다.

암기가 어렵다면 당분간 하루에 5번씩 큰소리로 읽으면서 원어민 소리에 많이 노출시키는 것이 가장 중요합니다.

09

한글 ㅍ은 f 발음, p 발음(유성음 ,무성음) 모두 가능

우리의 ㅍ은 무성음이지만 이를 유성음으로 사용할 수는 없는 걸가요? 영어의 live가 상황에 따라서 [리브]가 되기도 하고 [라이브]가 되는 것처럼 말입니다.

우스갯소리로 이런 이야기가 있습니다.

한국대통령이 미국에 방문해서 의회 연설을 하는데 원고가 영어로 되어 있습니다. 가장 앞에 gentlemen이라고 나와 있는데 순간적으로 뭐라고 읽어야 하는지 몰랐는데 때마침 생각 난 영어단어 중에 game[게임]이 있어서 gentlemen을 [겐틀멘]이라고 읽었더니 옆에 있던 보좌관이 말하기를 "g는 쥐 발음으로 읽어야 합니다."라고 조언했다고 합니다. 얼마 후 good이 나오길래 이번에는 good[줏]이라고 읽었더니 모두 웃었다는 이야기입니다. 그러면 대통령은 생각할 것입니다. "아니 그럼 g는 도대체 언제는 [ㄱ]이고 언제는 [쥐]인 거야?"

영어의 g는 다양하게 변합니다. 그래서 파닉스 규칙이나 발음기호를 읽는 법을 배워야 하는 이유입니다.

결론적으로, 영어문자는 발음이 변한다는 것입니다.

그렇다면 한글의 자음과 모음도 변하면 안 되나요? 한글을 이상한 모양으로 만들지 말고 어느 정도 변할 수 있다고 인정만 해주면 됩니다.

인간이 언어를 하는 것은 단 하나의 정보만으로 하는 것이 아니라 수십 가지를 활용하는 것입니다. 따라서 ㅍ이 p 발음(무성음)이라고 해서 이를 f 발음(유성음)으로 하면 말이 안 될 것 같지만 그렇지도 않다는 것입니다.

그 증거는 이미 있습니다. 뉴스 아나운서들의 발음을 들어보세요. '파일'이라고 한글로 적힌 글을 읽을 때는 의도적인지 모르지만 영어의 f 발음으로 한다는 것입니다.

한글로는 ㅍ이라고 적었는데 무성음 p 발음이 아닌 유성음 f 발음으로 읽는다는 것입니다.

왜냐하면, '파일'을 어떻게 발음해야 하는지 알기 때문에 한글로 어떻게 쓰였든 알고 있는 발음대로 읽기 때문입니다. 따라서 굳이 유성음 ㅍ을 위한 기호를 따로 만들지 않아도 지금의 한글로도 충분히 가능합니다.

10

한글영어가 맞다면 사람들이 왜 안 하죠?

사람들은 맞고 틀리기보다는 다른 사람이 많이 하는가, 아닌가를 더 중요하게 생각합니다.

예를 들면, 빨간신호등에서 건너는 사람들이 있습니다. 한두 사람이 아닌 많은 사람이 빨간신호등인데도 건너고 있다면 나도 건너게 됩니다.

그것이 맞느냐 틀리냐보다 다른 사람의 행동이 나의 행동에도 영향을 미치는 경우가 많습니다. 이를 군중심리 또는 동조현상이라 부릅니다.

한글영어에도 이런 군중심리가 작용됩니다. '뭔가 설명을 읽어보니 납득이 가고 이해가 되는 것들이 충분하지만 이를 하는 사람이 없지 않은가?' 하는 마음이 들어서 선뜻 결정을 내릴 수 없다는 것입니다.

지금 한글영어를 하시는 분들은 이전에 비슷한 경험을 하신 분들입니다. 한글발음으로 팝송이나 다른 외국어를 배워 본 경험이 있는 분들입니다.

앞으로 많은 사람이 한글영어로 할 수 있기를 바랍니다.

제3장

한글영어의 성공

01

한글영어가 실험적 영어학습법일까요?

소리와 글자를 분리해서 공부하자고 하는 한글영어가 실험적 영어학습법일까요? 아니면 글자와 소리를 같이 공부하자고 하는 기존영어가 실험적 영어학습법일까요?

여러분이 모국어를 어떻게 배웠는지 생각해보세요. 한국어가 되기 전에 소리와 한글을 같이 배운 사람이 한 사람이라도 있나요? 한국어는 보통 24개월 때 말문이 터진다고 합니다. 그러면 말문이 터지기 전에 한국어와 한글을 같이 배운 사람이 있나요? 있다면 수십만 명이라도 되나요?

그러면 이렇게 반박합니다. 모국어와 외국어는 다르다고 말입니다. 그런데 이런 생각 자체가 이미 실험적이라는 것을 아시나요? 다르든 같든 모국어교육을 기준으로 영어교육을 본다면 어느 것이 더 실험적 영어학습법인가요?

한글영어에서 소리교육부터 하고 문자교육은 그다음에 하자고 하면, 소리교육과 문자교육을 같이 하는 것이 더 결과가 빠르다고 말하곤 합니다.

그런데 지금까지의 영어교육은 소리와 문자를 병행하는 교육이었지 분리하는 교육이 아니었습니다. 수십 년 동안 소리와 문자를 같이 교육해서 실패했기 때문에 한글영어에서는 분리해서 영어교육을 하자고 하는데 새삼스럽게 같이 하는 게 더 빠르다는 말은 무엇일까요?

잘 모르고 들으면, 이제까지 소리와 문자를 분리해서 교육했지만 이제는 동시에 교육하자는 것처럼 들립니다. 그런데 이제까지 소리와 문자를 같이 교육하는 학습법이었고 그것 때문에 실패했다고 말하는 한글영어를 향해서 소리와 문자를 같이 공부하는 것이 더 빠르다고 주장하는 논리는 도저히 이해하기 어렵습니다.

그런데 이렇게 말하는 사람들이 한글영어를 제외하고 전부라는 사실이 정말 놀라울 뿐입니다. 같이 공부해서 실패했는데 같이 공부하는 것이 더 빠르다고 말하는 아이러니한 상황입니다.

이제까지의 영어교육은 소리와 문자를 같이 가르치는 실험적 교육을 했지만 실패했습니다. 앞으로는 실험적 교육이 아닌 모국어를 배울 때처럼 소리와 문자를 분리한 교육으로 성공할 수 있기를 바랍니다.

02

한글영어 암기에 대한 오해

한글영어에서는 영어듣기 완성을 위해 일정한 분량을 암기하도록 합니다. 암기를 정말 중요하게 말합니다. 그러다 보니 암기에 대해서 오해하는 분들이 계십니다. 모국어는 자연스럽게 배웠는데 암기하다 보면 너무 학습적이지 않을까 하고 말입니다.

이것은 잘못 알고 계시기 때문에 생기는 오해입니다. 모국어는 결코 자연스럽게 습득되지 않았습니다. 부모님과 주변 사람들의 노력으로 완성된 것입니다.

"엄마 해봐 엄마"를 수만 번 해야 '엄마'라 말하고 , "아빠 해봐 아빠"를 수천 번 해야 '아빠'라고 말하는 것을 볼 때 결코 모국어는 자연스럽게 성공한 것이 아닙니다.

다만 모국어는 오랫동안 조금씩 해서 성공했습니다. 영어도 모국어처럼 장시간에 걸쳐서 할 수만 있다면 무리하게 암기하지 않아도 됩니다. 그런데 한국에서 영어교육을 하는 경우는 여유 있게 할 수 있는 환경이 절대로 아닙니다.

우선 시작하는 시기가 늦습니다. 거의 대부분 초등 1학년 때 시작합니다. 이때 시작하면 늦은 것은 아니지만 결코 빠른 것도 아니라는 것을 알아야 합니다. 시간이 많은 것 같지만 그렇지 않습니다.

그리고 주위 환경이 한글영어 학습법에 우호적이지 않습니다. 끊임없이 흔드는 사람들 때문에 오랫동안 할 수 없습니다. 한글영어에 대한 확신이 흔들리기 쉽습니다.

학교영어로 인해서 영어듣기를 위해 시작한 한글영어를 계속할 수 없게 됩니다. 아무리 듣기가 중요하다고 해도 학교에서 영어단어 시험 등을 치르게 되면 듣기보다는 읽기와 쓰기가 더 중요하게 생각됩니다. 듣기를 하던 아이도 이제는 자발적으로 읽기와 쓰기를 배우려고 합니다.

이러한 상황 때문에 한글영어를 장시간에 걸쳐서 자연스럽게 습득하기를 기대할 수 없기 때문에 조금은 학습적이더라도 집중해서 암기하라고 말합니다. 잘못 하면 영어듣기 교육이 흐지부지되기 쉽습니다.

한 가지 뚜렷한 목표가 있을 때 성공할 수 있습니다. '그냥 열심히 하면 되겠지.'라고 생각해서는 쉽게 성공할 수 없습니다.

03

한글영어에서 말하는 용어정의

용어의 정의를 제대로 안다면 한글영어로 학습할 때 오해가 없을 것 같습니다.

1. 집중듣기

한글영어와 그림을 보고 연습해서 그림만 보고 말할 수 있도록 암기하는 것을 말합니다. 집중듣기라고 해서 원어민 음성을 듣는 것을 생각하기 쉽지만, 한글영어의 암기야말로 소리에 집중해서 듣는 효과가 있습니다.

2. 확인듣기

화상영어의 선생님이나 엄마가 말하면, 아이가 듣고 그대로 따라 할 수 있도록 훈련하는 것으로, 우리말의 "엄마 해봐 엄마"를 익히는 과정과 같습니다.

3. 흘려듣기

좋아하는 영화나 애니 또는 라디오 등의 원어민 소리에 노출되는 것을 말합니다. 소리에 많이 노출될수록 듣기를 완성하는 데 도움이 됩니다.

4. 집중읽기

원어민 음성과 함께 영어책을 읽은 다음, 들었던 원어민 음성을 떠올리며 영어책을 혼자 읽는 것을 말합니다.

04

한글영어 암기가 어렵다면 읽기부터 하자

한글영어에서는 반강제적으로 교재의 내용을 암기하라고 말합니다. 압축해서 영어듣기를 완성해야 하는 상황이기 때문에 그렇습니다. 그러다 보면 암기에 어려움이 있는 학생이 분명히 생기게 되는데 다음 3가지 방법으로 영어소리에 익숙해지는 것이 필요할 수도 있습니다.

1. 부담 없이 큰소리로 읽기

암기에 대한 부담감 없이 정해진 분량을 하루에 5번 내지 10번씩 큰소리로 읽도록 하는 것입니다.

2. 본인 목소리로 녹음 후 들려주기

암기하기 어려운 원인 중에 하나는 관심이 덜할 것입니다. 그런데 본인의 목소리로 녹음해서 들려주면 조금이라도 더 관심을 불러일으킬 수 있습니다.

3. 부모님 목소리로 녹음 후 들려주기

아이들은 본인만 공부한다고 생각합니다. 그런데 부모님이 녹음해서 들려주면 같이 공부하는 느낌이 들어서 동기부여가 됩니다. 녹음 후 원어민소리와 번갈아 듣습니다.

05

뻔뻔한 한글영어라고 한 이유

앞으로 한글영어의 콘셉트를 '뻔뻔한 한글영어'로 결정했습니다. 단순히 한글영어만으로는 무언가 부족한 면이 많이 있었는데, '뻔뻔한 한글영어!'는 제대로 지었다는 생각이 듭니다.

이렇게 짓게 된 이유는 그동안 한글영어는 무수한 공격을 받았기 때무입니다. "한글로 배우면 영어발음이 이상해진다", "한글은 영어발음을 표현할 수 없다" 등등

그런데 곰곰이 생각해보니 이런 것은 한글영어와는 전혀 관련이 없습니다. 마치 한글가사로 노래를 배운 다음에 노래를 불렀는데, 노래를 잘못 불렀다고 한글가사를 타박한다면 말이 되는 건가요?

한글가사가 노래를 못 부르게 된 원인을 제공한 건가요? 아닙니다. 한글가사와 노래를 못 부르는 것과는 전혀 상관이 없습니다.

마찬가지입니다. 한글영어와 영어발음이 이상한 것은 전혀 상관없습니다. 영어발음이 나쁜 것은 한글영어를 완벽하게 하지 못한 학습자의 책임입니다.

즉, 한글영어로 공부해도 "발음이 이상해지지 않아요."라고 굳이 방어하지 않아도 된다는 것입니다. 이렇게 말하는 것은 "한글가사로 노래를 배워도 노래를 잘 부를 수 있어요."라고 말하는 것과 같아서 한마디로 사족에 불과한 것입니다.

"한글영어로 해도 영어발음이 이상해지지 않아요."라고 말하는 것은 사족입니다. 언급할 필요가 없는 말입니다.

그래서 앞으로 한글영어는 좀 뻔뻔해지고 당당해지자는 의미에서 '뻔뻔한 한글영어'라는 콘셉트로 만들어가려고 합니다.

06

한글영어 공식카페 방문하기

영어학습과 한글영어에 대해 알고 싶은 것이 있다면 카페에 질문을 남겨주세요. 성심성의껏 답해 드리도록 하겠습니다.

한글영어 공식카페: http://한글영어.한국

한글영어 공식카페는 2010년에 개설된 후 지금까지 8년 동안 운영되어 오고 있습니다. 카페를 옮겨야 하는 경우도 있었습니다만 그동안 쉼 없이 한글영어를 알리기 위해 노력해 왔습니다.

처음 한글영어를 알릴 때에는 좋지 않는 소리도 정말 많이 들었습니다. 하지만 이제는 한글영어로 영어공부를 하는 분이 적지 않습니다.

카페에 방문하시면 영어공부에 관해 읽어볼 만한 글이 많습니다. 특히 다른 곳에서는 접해본 적이 없는 내용이 대부분이라고 생각됩니다.

또한 현재 한글영어를 하시는 분들이 올린 후기와 질문과 동영상이 있습니다. 영어를 공부하는 사람이라면 비슷한 과정을 거치기 때문에 이미 시작한 분들의 글을 읽어보면서 많은 도움과 용기를 얻게 됩니다.

한글영어에서는 영어뿐만 아니라 한글중국어라고 해서 중국어 교재도 제공하고 있습니다. 영어를 배우는 방법이나 중국어를 배우는 방법이나 언어를 배우는 방법은 똑같습니다.

영어를 배우는 길은 정말 길고 힘든 과정입니다. 그 길에 함께하는 사람이 있다면 서로 많은 의지가 되고 끝까지 완주할 수 있게 됩니다.

한글영어 공식카페에서 이미 시작한 분들과 함께 듣고 말하는 영어를 성공하기 위해 도전해 보시기 바랍니다.

07

한글영어 내용이 쉬운 것 같은데 충분한가요?

기존의 영어교육을 받은 사람들이 한글영어의 교재를 보면, 거의 공통적인 질문 중의 하나가 "책의 내용이 너무 쉬운데 이것으로 영어가 될까요?"입니다.

알아야 할 점은 보통의 아이라면 태어나서 24개월이 되면 귀와 입이 한국어를 하는 데 능숙해지기 시작한다는 것입니다. 그런데 이때 알고 있는 어휘가 단지 몇백 단어에 불과하다는 것입니다. 즉, 24개월 된 아기가 '정치, 경제, 문화, 민주적인' 이런 단어를 알아서 귀와 입이 터진 것은 아니라는 것입니다. 반대로 귀가 열린 다음에 어휘가 폭발한다는 것입니다.

한글영어는 내용이 쉽고 분량도 적지만 영어의 소리와 틀을 뇌에 형성하는 데는 부족하지 않다는 것입니다. 한글영어 교재로 하면서 본인이 좋아하는 영화나 애니메이션을 종종 노출시켜준다면 귀와 입을 여는 데 충분합니다.

성인의 경우에도 우선 쉬운 영어교재로 영어소리를 뇌에 정착시키지 않으면 자연스러운 영어를 하기 힘듭니다.

제4장

한글영어의 샘플

01 스토리영어

아이 원더, 아이 원더.
왙 이즈 언 '애플'?

토니, 토니!
이즈 디스 언 애플?

노, 노! 디스 이즈 어 버내너.
롱 앤 옐로우. 잍 이즈 딜리셔스.

아 애플즈 롱, 투?
노. 애플즈 아 라운드. 라운드 앤 라운드.

엘리, 엘리!
이즈 댙 언 애플?

노, 노. 댙 이즈 언 오렌쥐.
라운드 앤 오렌쥐. 잍 이즈 딜리셔스!

음원 다운로드 http://cafe.naver.com/korchinese/16916

※ f, r, v 발음은 ㅍ, ㄹ, ㅂ로 표기해서 p, l, b의 ㅍ, ㄹ, ㅂ과 구분합니다.

아 애플즈 오렌쥐, 투?
노, 노. 애플즈 아 레드.

탐, 탐!
이즈 디스 언 애플?

노, 노. 이츠 어 워러멜론.
레드 인사이드, 그린 아웉사이드.

아이 원더. 아이 원더.
왙 이즈 언 '애플'?

대드, 대드!
두 유 해브 언 애플?

노, 노. 아이 해브 어 피취.
핑크 앤 퍼리. 이츠 딜리셔스.

대드! 웨어 아 디 애플즈?
고우 애스크 유어 맘.

맘, 맘!
웨어 아 디 애플즈?

라잍 히어. 언 애플!
레드 앤 라운드. 이츠 딜리셔스.

오, 아이 갘 잍! 레드 앤 라운드.
애플즈 아 딜리셔스!

02 패턴영어

웨더

잍 이즈 레이닝.

잍 이즈 스노잉.

잍 이즈 써니.

잍 이즈 클라우디.

잍 이즈 파기.

음원 다운로드 http://cafe.naver.com/korchinese/16916

※ f, r, v 발음은 프, 르, 브로 표기해서 p, l, b의 ㅍ, ㄹ, ㅂ과 구분합니다.

잍 이즈 웜.

잍 이즈 코울드.

잍 이즈 핱.

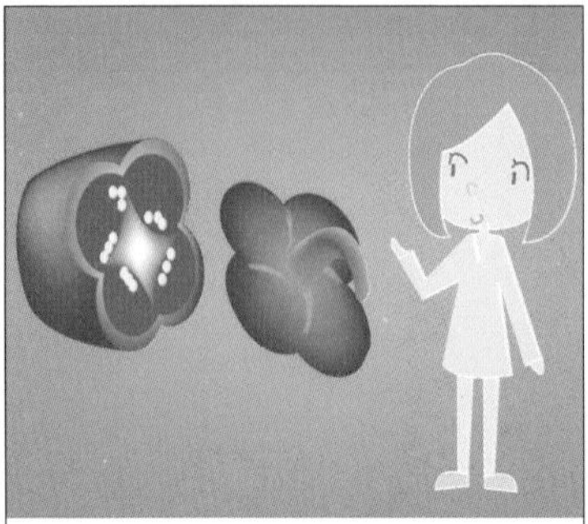

그린 페퍼

솔티

라인

필로우

팰러스

스테이션

음원 다운로드 http://cafe.naver.com/korchinese/16916

※ f, r, v 발음은 ㅍ, ㄹ, ㅂ로 표기해서 p, l, b의 ㅍ, ㄹ, ㅂ과 구분합니다.

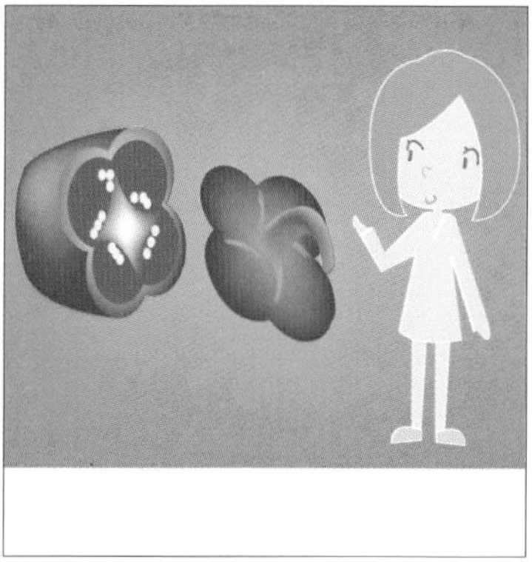

바운스

머미

북케이스

라이러

스튜던트

피취

‘한글영어’라는

완전히 새로운 영어학습법에

도전해서 성공해보세요.

감사합니다.